中国流通研究院
China Academy of Circulation

流通研究系列丛书

Empirical Research on
Circulation Industry
Development in China

中国流通业发展实证研究

李晓慧 ◎ 著

首都经济贸易大学出版社
Capital University of Economics and Business Press

·北 京·

图书在版编目（CIP）数据

中国流通业发展实证研究/李晓慧著. —北京：首都经济贸易大学出版社，2017.9
ISBN 978 - 7 - 5638 - 2677 - 3

Ⅰ. ①中… Ⅱ. ①李… Ⅲ. ①商品流通—产业发展—研究—中国 Ⅳ. ①F724

中国版本图书馆 CIP 数据核字（2017）第 166376 号

中国流通业发展实证研究

李晓慧 著

Zhongguo Liutongye Fazhan Shizheng Yanjiu

责任编辑	小 尘	
封面设计	砚祥志远·激光照排 TEL: 010-65976003	
出版发行	首都经济贸易大学出版社	
地　　址	北京市朝阳区红庙（邮编100026）	
电　　话	(010) 65976483　65065761　65071505（传真）	
网　　址	http://www.sjmcb.com	
E - mail	publish@cueb.edu.cn	
经　　销	全国新华书店	
照　　排	北京砚祥志远激光照排技术有限公司	
印　　刷	人民日报印刷厂	
开　　本	710 毫米×1000 毫米　1/16	
字　　数	176 千字	
印　　张	10	
版　　次	2017 年 9 月第 1 版　2017 年 9 月第 1 次印刷	
书　　号	ISBN 978 - 7 - 5638 - 2677 - 3/F·1488	
定　　价	36.00 元	

序

　　流通业是现代服务业的重要组成部分。经过多年的快速发展，我国流通业取得了巨大的进步，流通业规模不断扩大，流通结构不断优化，流通设施不断完善，流通竞争力不断增强，流通现代化水平不断提高。目前，已初步形成主体多元、方式多样、开放竞争的格局。随着改革开放的不断深入和社会主义市场经济体制的不断完善，我国流通业在促进生产、引导消费、推动经济结构调整和经济增长方式转变等方面的作用日益突出，流通产业的基础性和先导性作用不断增强。

　　流通业的崛起使流通的功能不断强化。流通业的生产性服务功能充当着现代生产系统中不可替代的重要生产要素功能，使流通业成为提高国民经济效率的重要因素；流通业的消费性服务功能具有满足居民日趋丰富的生活需的功能，使流通业成为提高现代社会中居民生活质量的关键部门。流通业对 GDP 增长的贡献率随国民经济发展水平的提高而增大，使流通业成为推动国民经济增长的重要动力。流通业对就业增长的贡献随经济发展水平的提高而日趋加大，使流通业成为国民经济中吸纳就业的重要部门。

　　尽管我国流通业已经取得了巨大成就，但是目前流通业的发展与我国经济发展阶段和经济发展水平的要求相比，还有较大差距，还存在着总量不足、比重偏低、结构性失衡、服务质量不高、供给能力较低、流通现代化程度亟待提高等问题。究其原因主要有五个方面：一是体制问题，行业分割、行政垄断、地区保护以及相关法律法规缺失，导致难以形成政策统一、竞争有序、高效畅通的市场体系和秩序，阻碍了大市场、大流通格局的形成。二是供给问题，创新能力不足、专业化水平较低、信息化及标准化建设落后，导致服务水平和供给能力较低。三是效率问题，技术水平和管理水平落后，产业发展效率低下。四是投入问题，资本、技术、管理、信息要素对流通业的投入不足。五是观念问题，对流通业的战略地位和发展流通业的认识不足，发展经验也不足。为了解决我国流通业发展过程中出现的问题和偏差，引导和推进流通业的健康发展，很有必要对流通经济理论与政策领域中的相关问题进行深入研究。

　　事实上，近年来越来越多的学者已经致力于流通经济理论和政策实践方面的研究工作，譬如，流通业在经济增长中的作用、流通业发展的区域差异及其影响因素、流通业结构优化和升级的路径、流通业对就业增长的作用、流通业和制造业的关系等诸多方面，均取得了很多进展。这些研究对于明确流通业在国民经济中的地位和作用，认识我国流通业发展的规律和特征，纠正流通业发展中的问题和偏差，解决现实问题，化解深层次矛盾，进而推动我国的流通业发展和结构升级具有重要的价值和意义。

本书由李晓慧博士在其前期研究成果的基础上修改完善而成。全书循着我国流通经济理论研究的发展脉络及最新进展，采用实证研究方法，就我国流通业发展的若干重要问题进行实证研究，主要研究了我国流通业发展与经济发展绩效的关系、流通业的增长与结构变化、流通业的技术效率及其影响因素、流通业的全要素生产率增长及其收敛性、流通业结构调整与就业增长的关系、流通业对经济增长的外溢效应、流通业对制造业的外溢效应及其渠道、流通业发展对制造业效率的影响、流通业与制造业的产业关联、流通业中间投入对制造业生产率的影响等问题。通过这些重要问题的研究，为我国流通业增长和结构优化升级提供了一定的理论依据和政策建议。当然，对这些问题的研究还需要进一步的深入。

本书是首都经济贸易大学中国流通研究院支持出版的学术著作之一。首都经济贸易大学中国流通研究院在整合校内外资源的基础上于2014年6月8日成立，其使命是"立足大国流通实践，融会流通经济与管理理论，打造中国流通政策研究智库，促进中国流通业健康发展"；愿景是"建设国内一流的流通学科群，搭建开放型的流通研究平台，造就国际化的流通卓越人才培养基地"；近期目标是：力争3~5年内，建设成为国内一流的流通人才培养与研究基地。为此，在科研机构方面，将整合校内外资源，重点建设六大特色研究机构，即中国流通理论与政策研究中心、中国零售研究中心、中国物流研究中心、中国品牌研究中心、中国电子商务研究中心、中国黄金市场与期货研究中心。在研究方向上，以流通理论与政策为重点，以零售、物流、电子商务、品牌、黄金和期货市场研究等为特色，协同社会各界，开展协同创新。

为了更好地促进中国流通业的发展，今后中国流通研究院将陆续支持出版一系列流通方面的著作。我们热情欢迎国内外流通界有识之士积极加入中国流通研究院这个开放的科研平台，共谋发展。

首都经济贸易大学

中国流通研究院院长　祝合良

2016年9月

前　言

　　流通业作为现代服务业的重要组成部分，从目前商务主管的实际工作来看，主要包括商品流通业和生活服务业两大部分。现代经济条件下，流通业以其引导生产、促进消费、具有较高的产业关联度之特色，正成为国民经济的基础和先导产业。随着改革开放的推进和市场经济的发展，流通业的重要性日益显现。国家制定了一系列政策措施大力发展流通业，现代流通业也在我国取得了快速发展，具体表现在：流通业规模不断扩大、结构不断优化、效率不断提高、就业迅速增加、发展水平不断提高，在国民经济中的先导性和基础性地位日益凸显。可以预见，随着未来我国经济增长和结构调整以及服务业在国民经济中主导地位的确立，流通业也将步入新的发展阶段，对国民经济及社会发展的作用将更加突出。

　　鉴于流通业在我国经济社会发展中的作用日益突出，近年来我国有越来越多的学者投身于流通经济理论和政策领域的研究并取得了很多新的进展，研究内容涉及流通业在经济增长中的作用、流通业发展的区域差异及其影响因素、流通业结构优化和升级的路径、流通业对就业增长的作用、流通业和制造业的关系等众多方面。本书循着我国流通经济理论研究的发展脉络及最新进展，采用实证研究方法，就其中的若干焦点问题进行延伸研究。全书内容共分为十章，各章内容如下。

　　第1章：我国流通业发展与经济发展绩效的关系研究。本章运用全国省际面板数据和随机前沿生产函数模型，探讨流通业发展对经济发展绩效的影响以及这种影响在不同经济发展阶段的差异性。结果发现，发展流通业能够促进国民经济效率的提高，其背后的渠道包括吸纳社会就业、与工农业形成互动等方面。通过产业关联效应和就业吸纳效应，流通业能够对经济发展绩效产生积极的外溢效应。流通业对经济发展绩效的外溢作用和经济发展阶段密切相关，经济越发达的地区，流通业对经济发展效率的促进作用越大。制度和政策是影响流通业发展，进而影响其对经济发展效率外溢作用的重要因素。本章的实证分析表明，要改变传统观念，正确认识流通业在经济发展中的作用，确立流通业发展促进经济发展升级战略，大力推动流通业发展，促进经济效率提升和经济结构升级。

　　第2章：我国流通业的增长与结构变化。本章主要运用总量和结构层面数据，分析我国流通业的增长和结构变化特征。基于数据的统计分析结果表明，我国流通业总量增长趋势明显,但流通业增长的质量和效率还有待进一步提高。流通业内部各行业均取得了快速发展,但行业之间的差异比较明显,传统的批发零售商业发展相对较快,运输仓储等为代表的现代物流业发展缓慢,比重偏低,流通业内部结构优化缓慢;流通业多业态发展趋势明显,业态结构日趋多元化,但传统业态的创新、新型业态的深度细化和业态融合还相对不足。流通业发展的地区差距不断扩大,无论是各省之间还是东、中、西三大地区之间,流通业发展的区域不平衡问题都非常严重。流通企业规模还处于较低层次,市场集中度较低,企业规模结构还有待进一步优化。国有经济在流通业中所占份额仍然偏高,我国流通业的所有制结构也有待进一步优化。

第3章:我国流通业的技术效率变化及其影响因素。本章利用全国省际面板数据和超越对数生产函数的随机前沿模型,分析了我国流通业技术效率的变化状况,并检验了技术效率的影响因素。结果表明,我国流通业技术效率总体水平偏低,还远远没有挖掘出现有资源和技术的潜力,对前沿技术的利用程度不高,技术效率的提升还有很大空间。流通业技术效率存在显著的区域差异,东部地区技术效率明显高于中西部地区;与此同时,各省之间技术效率差异明显,并且技术效率较高的省份主要集中在东部地区,技术效率较低的省份主要集中在中西部地区。无论是三大地区之间,还是各省份之间,技术效率的区域差异都非常明显。实证分析结果还表明,人力资本、市场化程度、对外开放程度是影响我国流通业技术效率的重要因素。

第4章:我国流通业的全要素生产率增长及其收敛性。本章采用基于 DEA 的 Malmquist 指数方法,测算了我国流通业的全要素生产率并对其进行分解,并进一步检验了流通业 TFP 增长的收敛性。结果表明,我国流通业全要素生产率增长缓慢。虽然技术效率和技术进步都对流通业的增长做出了一定贡献,但两者的增长幅度均较小,导致我国流通业 TFP 增长率较低。因此,通过效率的改善和技术的提高,提升流通业全要素生产率还有很大空间。在技术效率的变动中,纯技术效率指数趋于上升,规模效率指数趋于下降,我国流通业普遍存在规模无效率。流通业全要素生产率增长存在显著的地区差异,东部地区流通业 TFP 增长水平最高,中部地区次之,西部地区则是负增长,省际 TFP 增长的差异也较大。三大地区间和各省份间流通业全要素生产率增长均存在显著差异。收敛性检验表明,我国流通业全要素生产率存在 σ 收敛和绝对 β 收敛。无论是全国还是三大地区内部,流通业全要素生产率均呈现收敛趋势。

第5章:流通业结构调整与就业增长的关系。本章主要从实证角度检验流通业发展与就业增长的关系,重点探讨流通业发展过程中的结构特征及结构偏差等结构性因素对其就业吸纳能力的影响。研究发现,流通业的发展已经成为促进就业增长的重要因素，流通业产值、流通业就业人数以及流通企业法人数的增加都将显著推动就业增长。东部和中西部地区流通业对就业增长的作用也在逐步增强，且东部地区流通业对就业增长的作用更强。但无论是东部地区还是中西部地区，流通业产值结构和就业结构均存在结构性偏离，导致流通业对就业增长的贡献还没有完全发挥出来。尽管流通业的发展已经成为促进我国就业增长的重要因素，但流通业对总体就业增长的影响还面临弹性不足的问题，流通业内部各行业发展不平衡、产值结构和就业结构的偏离以及流通企业规模结构不合理使得流通业还未能充分发挥出对总体就业的促进作用，导致其对就业增长的弹性较低。本章的分析表明，要更好地发挥流通业对就业增长的作用，必须把流通业的结构调整作为关键。

第6章：流通业的外溢效应及其实证检验。本章通过构建理论模型并利用全国省际面板数据，从理论和实证层面检验流通业的外溢效应，探讨其对政府制定产业政策的含义。研究发现，流通业对经济增长具有显著的外溢效应，这种外溢效应主要表现在为其他部门增长提供动力、调整和优化经济结构、充当吸纳社会剩余劳动力的渠道等方面。通过发挥这种溢出效应，流通部门不仅能够带动非流通部门的增长，还能够促进整个经济增长。但实证检验结果也表明，流通部门的边际效率低于非流通部门，这种较低的边际生产率显然不利于流通业外溢效应的发挥。本章蕴含的政策含义是，由于存在流通部门对非流通部门的溢出效应，因此在制定和评价政府产业政策时，不能仅以流通业自身的效率作为评判标准，还必须考虑到流通业的外溢效应。在产业政策的制定和实施过程中，应该高度重视流通业在国民经济中的重要地位和作用，把流通业作为基础和先导产业加以重点规划和发展。

第7章：流通业对制造业的外溢效应及其渠道。本章基于流通业和制造业关系的研究进展，引入流通业专业化发展水平、制造企业规模、制度环境和信息化水平四个因素，从理论层面分析了流通业对制造业外溢效应的影响渠道，并基于省际面板数据，运用随机前沿生产函数模型对理论假说进行实证检验。本章主要结论是：第一，流通业的专业化发展水平对制造业效率提升具有正向影响效应，现代流通业的生产性服务功能正在逐步显现，但流通业对制造业效率提升的外溢效应还处于较低水平。第二，制造企业规模与流通业对制造业的效率提升作用负相关，促进制造企业商贸服务外包有利于发挥流通业对制造业的效率提升作用。第三，制度环境的完善和信息化水平的提高正向影响流通业对制造业效率提升的促进作用，市场化所带来的经济制度变革和政策调整以及现代信息技术的发展应用有助于二者的良性互动发展。本章不仅验证了流通业对制造业效率提升促进作用的存在性，更为重要的是，分析了这种外溢效应产生的渠道，从理论上揭示了通过何种渠道和途径可以推动流通业对制造业效率提升的外溢作用。

第8章：流通业发展对制造业效率的影响研究。本章通过对传统柯布—道格拉斯生产函数的拓展，构建了流通业对制造业效率影响的理论模型，并运用全国省际面板数据，采用静态和动态模型估计方法，从地区和细分行业层面实证分析了流通业发展对制造业效率的影响。研究结果表明：从全国整体看，流通业发展促进了制造业效率的提高。流通业的发展通过降低制造业生产过程中的成本，从而提高了制造业的生产效率和竞争力。从区域层面看，东部地区流通业发展对制造业效率提升有显著促进作用，而且在东部地区，流通业发展是制造业效率提升最为重要的因素，但中西部地区流通业发展对制造业效率提升作用不明显。从行业层面看，交通运输、仓储和邮政业对制造业效率具有显著促进作用，而批发零售、住宿和餐饮业对制造业效率的促进作用不明显。实证结果还表明，无论是从区域层面还是从行业层面，资本有机构成和人力资本均是制造业效率提升的重要因素；外商直接投资对制造业效率具有正向促进作用，市场化对制造业效率的作用不显著。

第9章：我国流通业与制造业的产业关联研究。本章主要运用投入产出分析方法，分析我国流通业与制造业的产业关联。本章研究结论是：第一，流通业在国民经济中所占比重较为稳定，但在第三产业内部所占比重呈现下降趋势，流通业发展水平有待进一步提高。第二，我国流通业的发展更多地以满足中间需求为主，具有较为明显的中间产品型产业性质，更多地发挥着生产性服务业的功能。第二产业是流通业中间需求的主要部门，其中制造业占据绝对主导地位，第三产业对流通业的中间需求也呈上升趋势。第三，制造业对流通业的中间需求趋于下降。从中间需求结构看，制造业对交通运输仓储和邮政业的中间需求率相对稳定，对批发零售住宿和餐饮业的中间需求率显著下降。不同类型制造业对流通业的中间需求结构也存在一定差异。第四，交通运输仓储和邮政业对制造业的中间投入率显著上升，批发零售住宿和餐饮业对制造业的中间投入率显著下降。总体而言制造业的流通服务投入水平很低，服务社会化发展水平还处于较低层次，中间投入结构在不同类型制造行业也存在一定差异。第五，从产业波及效果看，流通业对制造业的促进作用大于制造业对流通业的拉动作用。在影响产业发展的因素中，产业自身的作用占据主导地位，产业间相互影响微弱。总体上看，我国流通业与制造业存在互动关系，但产业关联效应仍处于较低水平。

第10章：流通业中间投入对制造业生产率的影响。本章从要素投入视角，利用我国1997年、2002年、2007年投入产出数据，计算了28个制造行业的流通业中间投入率，并运用面板数据模型实证检验了流通业中间投入对制造业生产率的影响以及这种影响在不同类型制造行业间的差异。研究结果表明：我国流通业对制造业的中间投入水平不高，并且呈现一定的下降趋势。流通业中间投入在不同类型制造行业之间差异较大，流通业中间投入率在劳动密集型行业高于资本密集型行业，低技术行业高于高技术行业。在中性技术进步假设下，流通业中间投入对制造业技术进步的影响为正，但不显著。非中性技术进步假设下，流通业中间投入带来的是资本节约型技术进步，但同时伴随着中性的技术退步。在两者的共同作用下，流通业中间投入对制造业生产率的总效应为正，但这种正向影响效应还非常有限。行业特征对流通业中间投入的生产率效应的影响存在差异，流通业中间投入的生产率效应在劳动密集型行业大于资本密集型行业、低技术行业大于高技术行业。

目　　录

1 我国流通业发展与经济发展绩效的关系研究

1.1 引言和相关文献述评

随着市场经济的发展和改革开放的不断深入，我国流通业也实现了较快发展，流通规模化、组织化、信息化水平稳步提升，流通业在扩大内需、吸纳就业、结构转型等方面的作用日益凸显，在国民经济中的基础性和先导性作用日益突出。与此同时，现代流通业的商贸服务功能不断深化，通过吸纳就业、产业关联、结构优化等对经济发展绩效产生了积极的外溢效应。从理论上看，流通业是国民经济的重要组成部分，能够衔接生产和消费，降低社会交易成本，提高交易效率，从而有助于提高经济总体的效率和竞争力。因此，发展流通业不仅能推动国民经济的持续增长，而且有助于改变粗放型经济增长方式，提高经济增长的质量和效率。从当前经济发展现状看，经历了改革开放 30 多年的高速增长，中国经济已进入中高速增长的新阶段，正面临转方式、调结构、促升级等多重任务，经济发展将更加强调质量与效益。在经济发展新阶段背景下，发挥流通业在经济发展中的地位和作用，通过流通业的发展提升我国经济发展的质量和绩效成为重要的理论和现实问题。

关于流通业与经济发展的关系，Riddle（1986）最早提出包括流通业在内的服务业是促进其他部门增长的过程产业，是经济的"黏合剂"，能够充当促进其他部门增长的过程产业角色，降低经济运行的成本，提高经济总体的生产率。Glemes & Gani（2002）的实证研究发现，包括商贸流通在内的服务业可以提高资源配置效率和要素生产率，促进经济增长。而且，相关研究还表明，流通业的发展水平还与一国在全球价值链中的地位以及国际分工价值的获取有密切关系（Bardhan，1996；Ciccone & Matsuyama，1996）。Betancourt & Anderson（2001）、Francois & Woerz（2008）、Bernard（2010）的研究也表明，流通业对促进一国经济增长、增强国际竞争力具有重要作用。从国内研究看，在理论层面，宋则和赵凯（2009）研究了流通业对经济增长的影响力。宋则等（2010）进一步认为，流通业影响力有助于推动制造业的结构调整，进而有助于经济增长和结构转变。夏春玉和丁涛（2012）、中国社科院课题组（2012）认为，流通业在国民经济转方式、调结构、促升级中具有先导作用。在实证层面，宋则和赵凯（2009）的研究表明，流通业对经济增长具有显著的直接影响力和间接影响力。胡永仕和王健（2011）的研究表明，流通业与国民经济其他部门具有较强的关联性，流通业的发展可以有效带动其他产业的发展。李佛关（2012）运用全国截面数据的实证检验结果表明，流通业发展水平与经济效率呈高度正相关关系，流通业的发展对经济发展效率的提升具有显著促进作用。赵霞（2015）基于投入产出模型的研究结果显示，流通业对经济增长具有较高的贡献率。吴学品和李骏阳（2014）的检验结果表明，流通业的发展与农村经济增长高度相关。胡永仕和许明星（2015）的实证研究表明，流通业对区域经济增长具有显著的关联效应、波及效应及外溢效应。

上述研究分别从理论或实证等层面研究了流通业与经济增长的关系，论证了流通业对经济增长的促进作用，这些研究对于明确流通业在国民经济中的地位和作用具有重要理论价值和现实意义。然而，可以发现，现有研究主要是对流通业与经济发展总量关系的分析和检验，但从效率视角对流通业与经济发展绩效之间关系的研究还很少。从已掌握的文献看，仅有个别文献对此进行了分析，也仅是运用截面数据对流通业与经济发展效率的关系做了初步检验，且缺乏对不同经济发展水平下流通业影响经济发展绩效的考察和比较。基于此，本章拟在分析流通业对经济发展绩效影响渠道的基础上，以2000—2011年全国省际面板数据为基础，利用随机前沿生产函数模型，对流通业发展对经济发展绩效的影响进行实证检验，并考察这种影响在不同经济发展阶段的差异性，在此基础上提出更好地促进流通业发展、促进经济发展绩效提升的政策建议。本章的结构安排如下：1.2节对流通业发展提高经济发展绩效渠道做理论分析；1.3节在1.2节的理论分析基础上，对流通业与经济发展绩效的关系进行实证检验；1.4节提出研究结论和政策建议。

1.2 流通业发展提高经济发展绩效的渠道分析

作为国民经济中重要的服务部门，流通业与其他服务业一样，在国民经济中发挥着 Riddle（1986）所言的"黏合剂"功能，能够有效降低生产过程中的成本，提高生产过程的效率，进而提升经济发展的质量和效率。尤其随着现代流通业的发展及现代商贸服务功能的不断增强，通过产业关联、就业吸纳等对经济发展绩效能够产生积极的外溢效应。具体而言，流通业发展有助于提高经济发展绩效，其背后的渠道主要表现为以下两个方面。

首先，流通业的发展有助于吸纳社会劳动力，这不仅体现在通过吸纳多余劳动力、激活部分劳动力存量直接提高了经济效率，而且还体现在降低了其他部门尤其是工业部门转移出的冗余劳动力的难度而间接提高了经济效率。经过改革开放 30 多年的高速增长，目前我国已经进入经济增速放缓和经济结构调整的新阶段。在新的发展阶段下，经济社会面临的就业压力明显加大，而且从总量上看，目前及今后一段时期内我国面临的就业压力不仅在于经济下行和经济结构调整所产生的就业压力，还包括农村仍存在一部分剩余劳动力有待转移，城镇失业人口及未就业毕业生逐年积累，这些都造成了巨大的就业压力。根据人社部的最新统计数据，目前我国每年新增就业人口约 1 500 万人，2015 年未就业人数就已达到 1 000 万人。因此，如何创造足够的就业机会将是我国长期面临的重要经济和社会问题。由于目前我国经济已进入中高速增长的新常态，经济增长将从过去依靠劳动力、资源、环境、土地的大规模消耗向更加注重质量和效益的可持续发展转变，意味着经济增长很难再恢复到之前年均两位数的增长率。因此，仅仅依靠高速的经济增长来解决就业问题的可能性已经十分有限。从工农业吸纳就业潜力看，由于目前农村仍存在大量剩余劳动力，需要在工业化和城市化进程中从农村转移出来，因此农业的就业弹性是负的。信息技术等新技术的广泛应用，加速了技术和资本对劳动的替代，也使得工业吸纳就业的能力被大大削弱。与此同时，伴随着消费结构升级以及城市化进程的加速而产生的新增需求更多地集中在服务业领域，服务业的高收入弹性必然使其具有更高的就业弹性。随着居民消费需求从生存型向发展型、享受型转变，从物质型向服务型、文化型转变，新兴消费热点和就业岗位不断涌现。因此，在目前以及今后相当长的时期内，在三次产业中，服务业的就业弹性无疑是最大的。而作为服务业中占据 1/3 份额的流通业，也将成为吸纳就业的重要渠道。而且从流通业本身的产业特征和技术特点看，也决定了该产业具有较强的就业吸纳能力。从统计数据看，改革开放以来，特别是 20 世纪 90 年代以来，流通业已成为我国吸纳就业的重要渠道。2011 年与 1990 年相比，流通业就业人数从 4 406 万人增加到 9 123 万人，新吸纳就业 4 717 万人，占非农产业全部新增就业人数的 19.7%。如图 1.1 所示，从就业弹性看，1990—2011 年，流通业和工业的平均就业弹性分别为 0.34% 和 0.22%，两者相差 0.12 个百分点。这意味着增加值比重同样增加 1%，流通业吸纳的就业比重比工业高出 0.12%。

流通业发展能够促进经济发展绩效提升的另一个渠道在于，流通业作为中间要素投入，在工农业生产中的作用日益突出。产业演进升级的一般规律，就工业而言，从生产结构看，要经历轻工业化、重化工业化、高加工度化和知识技术密集化四个发展阶段；从要素结构看，要依次实现从劳动密集型到资本密集型再到知识技术密集型的转变；从产出效益看，主要体现为从低附加价值到高附加价值

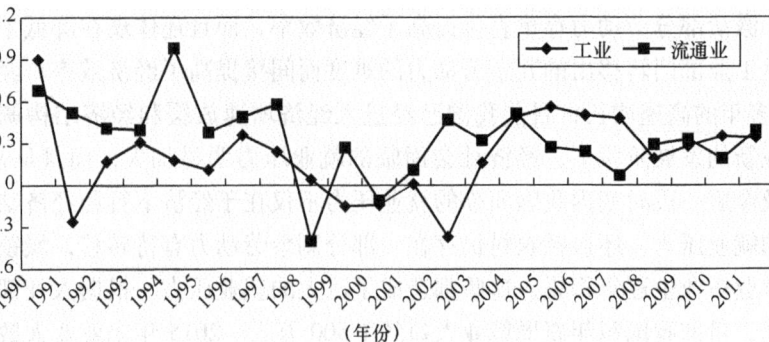

图 1.1　1990—2011 年我国工业和流通业就业弹性对比

资料来源：根据《中国统计年鉴（1991—2012）》计算。

的转变。随着分工深化和生产专业化的不断发展，经济体系的效率已经不仅仅取决于生产活动本身的效率状况，而是越来越取决于不同生产活动之间建立起来的相互关系。在这一过程中，工业对专业化商贸服务需求的增加主要来自两个方面：一是工业内部不断将一些非生产性的活动外包，使得专业化、社会化商贸服务业的比重不断增加；二是工业结构的转型，使得生产过程中对中间性商贸服务投入的需求越来越多。一方面，分工深化、生产专业化使得商贸服务环节从制造环节不断分离，因而作为中间要素投入的商贸流通业不断发展；另一方面，随着专业化商贸流通业的发展，从整个经济运行来看，社会的专业化分工更加深化和细化，使得经济运行效率的不断提高成为可能。从根本上而言，商贸流通业在制造业中投入不断增加的过程，就是制造业不断向产业链高端升级的过程。作为中间要素投入，现代流通业在生产过程中充当着人力资本和知识资本传送器的作用，它通过提供更为专业的劳动力和更加成熟的技术，使得生产的迂回程度提高，生产更加专业化，并且提高了资本、劳动和其他生产要素的生产力，最终提高了整个工业的生产效率和竞争力。当前，随着我国进入工业化后期[①]，工业也进入了转型升级的新时期，工业转型升级有着不同以往的内涵和特点，具体包括：一是转变工业增长动力机制，由投资驱动增长模式向三大需求协调拉动转变；二是加强技术创新，推进产业链升级，实现从资源密集型到技术密集型、从劳动密集型到人才密集型的转变；三是推进淘汰落后产能和节能减排，从高污染、高排放向绿色、低碳转型。要实现上述转变，必须正确处理好工业与流通业的关系，加强流通业对工业转型升级的支撑作用，促进工业制造业与流通业互

---

①　根据中国社科院工业经济研究所的长期跟踪评价，到 2010 年中国工业化水平综合指数已经达到 66，意味着我国已经完成工业化中期阶段，开始进入工业化后期。

动、融合发展。在农业领域,充分发挥农资流通、农业信息服务、市场营销、冷链物流等专业化商贸流通服务对农业生产的支撑作用,有助于提高农业综合生产能力,促进农业产业结构优化升级。

1.3　流通业发展与经济发展绩效关系的实证检验

上节从理论上分析了流通业提高经济发展绩效的渠道,本节将运用全国省际面板数据实证检验流通业发展与经济发展效率之间的关系,并且进一步分析这种相关性是否会随着经济发展阶段的不同而发生变化。

1.3.1　模型、数据与变量

本章拟采用技术效率作为经济发展绩效的衡量指标。技术效率指的是经济体实际所处的生产曲线与最大可能曲线(技术前沿)之间的距离,越接近技术前沿,说明同样资本和劳动能够生产出更多的增加值,即生产效率越高,经济发展绩效越好。对技术效率的度量通常有数学规划和经济计量两种方法。经济计量方法借助特定的函数形式,且依赖于对数据的随机性假设,其优点在于有更为牢固的经济理论基础。数学规划方法限制较少,意义明确,简单易算,但其纯代数方法决定了它不能提供参数估计值的统计描述和检验值,可信度较弱。目前理论界对这两种方法的总体评价是,数学规划方法具有很强的管理决策效应,而经济计量方法则具有很强的政策倾向,可以用来评价政策的实施效果。而且,在模型设定合理且采用面板数据的条件下,经济计量方法能够得到比数学规划方法更好的估计结果。根据本章研究的特点以及所使用的数据特征,本章拟采用经济计量方法。具体采用 Battese 和 Coelli(1995)发展的随机前沿模型来进行研究,该模型的最大特点是可以同时实现对技术效率及其影响因素的参数估计。以 C - D 生产函数作为前沿生产函数的形式,模型的具体形式如下:

$$\ln Y_{it} = \beta_0 + \beta_1 \ln K_{it} + \beta_2 \ln L_{it} + V_{it} - U_{it} \qquad (1.1)$$

其中:i 和 t 分别表示省份和时间;Y,K,L 分别代表产出、资本投入和劳动投入;β_0 为待定常数项;β_1,β_2 分别为资本和劳动的产出弹性;$(V_{it} - U_{it})$ 为回归方程的随机扰动项,其中,V_{it} 反映不可控因素对各省产出的随机影响,其服从对称的正态分布 $N(0, \sigma_v^2)$,且独立于 U_{it};U_{it} 反映在 t 时期生产技术无效性对 i 省的随机影响,其服从单侧正态分布 $N(m_{it}, \sigma_u^2)$。

m_{it} 对应的函数即为技术无效函数,$e^{-m_{it}}$ 反映 i 省第 t 年的技术无效率水平,m_{it} 越大表明技术效率越低,或者说技术无效程度越高。将流通业引入,其具体形式为:

$$m_{it} = \delta_0 + \delta_1 cs_{it} + W_{it} \tag{1.2}$$

其中：i 和 t 的含义同上；cs 代表流通业发展水平；δ_0 为待定常数项；δ_1 为待定参数，表示流通业对各省技术效率的影响程度。如果符号为正，说明流通业发展对各省技术效率具有负向影响；符号为负，说明流通业发展对各省技术效率有正向影响。根据前文的理论分析，预期其符号为负，表明流通业发展水平对经济发展绩效具有正向影响；W_{it} 是技术无效方程中的随机误差项，服从正态分布 $N(0,\sigma_w^2)$。

判断模型设定是否合理，可以考察方程 1.1 中随机扰动项中技术无效所占比例 γ 的大小（见式 1.3）。γ 越接近于 0，说明实际产出相对于前沿产出的偏离主要由不可控因素造成的统计噪声引起，此时直接用普通最小二乘法（OLS）就可以实现对模型的估计，没有必要采用随机前沿生产函数模型；γ 越接近于 1，说明实际产出相对于前沿产出的偏离主要由生产的技术无效引起，此时采用随机前沿模型对生产函数进行估计更合适。

$$\gamma = \frac{\sigma_u^2}{(\sigma_v^2 + \sigma_u^2)}, \ 0 \leq \gamma \leq 1 \tag{1.3}$$

产出水平用各省 GDP 表示，并以各地区国内生产总值指数折算为 2000 年不变价。资本投入用各省当年和滞后一年的固定资本形成总额的平均数表示，并以各地区固定资产价格指数折算为 2000 年不变价。劳动投入用各省年末就业人数表示。由于《中国统计年鉴（2007 年）》上没有提供 2006 年分地区的就业人数，因此该年就业人数采用 2005 年和 2007 年的平均数表示。在流通业的统计口径上，根据行业性质以及各行业在经济运行中发挥的作用，同时考虑到数据的可得性及统计口径的一致性，选取"交通运输仓储和邮政业"和"批发零售住宿和餐饮业"代表流通业。事实上，这两大行业在很大程度上能够反映我国流通业的发展水平。在流通业发展水平的衡量指标上，现有研究主要采用流通业就业比重或增加值比重表示，这里选取流通业职工人数占职工总数的比重作为流通业发展水平的衡量指标。

本章实证研究采用我国大陆除西藏以外的其他 30 个省份的面板数据，时间期限为 2000—2011 年，西藏地区未列入样本主要是因为该地区缺失多个年份的数据。实证分析中，除一次性引入所有样本外，还将所有样本划分为东、中、西①三大地区，以检验不同经济发展水平下流通业与经济发展绩效关系的变化。相关原始数据来自 2001—2012 年《中国统计年鉴》和《中国劳动统计年鉴》。

1.3.2 实证结果分析

利用 Frontier 4.1 软件，分别对模型 I ～ IV 进行回归，结果见表 1.1。可以看

---

① 东部地区包括北京、天津、河北、辽宁、上海、江苏、浙江、福建、山东、广东和海南 11 个省（市）；中部地区包括山西、吉林、黑龙江、安徽、江西、河南、湖北和湖南 8 个省；西部地区包括内蒙古、广西、重庆、四川、贵州、云南、陕西、甘肃、青海、宁夏和新疆 11 个省（区）。

出，在所有模型中，γ 值均较高，且在 1% 的水平上显著，表明前沿生产函数的误差中有很大部分来源于技术无效函数中包含的变量因素，不可控因素产生的噪声所占比重较小，因此模型设定合理可靠。在技术无效函数中，流通业比重 CS 的系数在前三个模型中均显著为负，可见，无论从全国总体层面还是从东部或中部地区层面，流通业发展水平的提高均能够显著促进经济效率的提高。这里的估计结果与理论分析一致，同时也说明，流通业对国民经济发展质量的提高具有重要作用，要大力扶持流通业的发展，特别是在我国经济发展进入新常态和经济结构调整的新阶段，要重视流通业在提高经济发展绩效中的作用，大力支持和推动流通业的发展，通过流通业的就业吸纳效应和产业关联效应，促进国民经济效率的提高。就全国总体而言，模型 I 中 CS 的系数为 -0.073，表明在其他条件相同的情况下，一个省份流通业的发展水平比另一省份高一个百分点，通过劳动力吸纳以及产业关联效应，可以促使该省份的 GDP 比另一省份高 0.073%。

表 1.1　SFA 模型参数的最大似然估计结果

	模型 I（全部样本）		模型 II（东部地区样本）		模型 III（中部地区样本）		模型 IV（西部地区样本）	
	系数	t 检验值	系数	t 检验值	系数	t 检验值	系数	t 检验值
前沿生产函数								
截距	0.756***	10.082	1.243***	6.833	2.450***	12.440	0.639**	3.031
$\ln K_{it}$	0.545***	29.261	0.405***	11.357	0.348***	11.089	0.359***	10.366
$\ln L_{it}$	0.472***	18.357	0.564***	9.492	0.437***	14.121	0.578***	15.259
技术无效函数								
截距	1.345***	12.712	0.992***	5.952	1.160***	8.834	-0.098	-0.846
CS	-0.073***	-9.856	-0.065***	-6.765	-0.058***	-6.074	0.011	0.897
δ^2	0.085***	13.374	0.079***	11.475	0.019***	6.962	0.045***	8.055
γ	0.567***	4.548	0.696***	5.923	0.999***	6.147	0.407***	3.658
其他信息								
log 函数值	69.398		20.791		55.710		17.058	
LR 值	108.452		34.041		27.896		17.974	
样本数	360		132		96		132	
年数	12		12		12		12	
横截面数	30		11		8		11	

注：＊＊＊，＊＊，＊分别表示变量在 1%，5% 和 10% 的水平上显著；LR 检验值服从混合卡方分布；技术无效函数中的负号表示对经济效率有正向影响，正号表示负向影响。

从对比模型Ⅱ和Ⅲ中流通业发展水平 CS 的系数可以发现，经济发展水平相对较高的东部地区，系数值显著大于中部地区，表明随着经济发展水平的提高，流通业对整个经济效率的促进作用也会变大。模型Ⅵ中流通业发展水平系数不显著，表明在经济发展水平最低的西部地区，流通业对经济发展绩效还没有产生明显的提升作用。出现上述估计结果可能的原因在于，经济越发达的地区，流通业与工业尤其是制造业的产业关联和互动融合程度越高，因而通过产业关联融合效应对工业发展的支撑作用越强，进而对地区经济效率的影响作用越大；并且流通业对经济发展绩效的作用可能存在一定的门槛效应，因此，在经济最为落后的西部地区，流通业对经济发展绩效的影响还不显著。从社会分工视角看，商业（服务业）本身是从工业体系内部分化出来的，随着生产专业化和社会分工的深化，工业体系内部对专业化社会化的商贸服务需求不断增大，因而商贸流通等服务业作为一个独立的产业从工业体系内部分离出来，并且流通业的发展也通过深化工业分工体系，降低了生产成本和交易成本，提高了生产过程的效率，促进了工业发展效率的提高和结构升级。尤其是随着现代流通业的发展以及现代商贸服务在生产过程中参与程度的不断提高，其生产性服务功能日益凸显，通过满足生产性服务需求实现了对制造业的促进与引导，加速了产品价值实现和资本周转，并提升了制造部门运行效率。

具体而言，流通业和制造业的分工主要通过商贸服务外包形式体现，也就是说，原本属于工业企业内部的采购批发、仓储物流、销售服务等生产性服务活动的外部化，通过外购或分包等形式获取了这些专业化社会化的商贸流通服务。但在不同经济发展阶段，社会专业化分工水平不同，工业企业服务外包的规模和程度也是存在差异的，因而流通业和制造业互动发展的水平也存在一定程度的差异。吕政（2006）将工业服务外部化的发展过程划分为三个阶段：种子期、成长期和成熟期。在种子期，工业企业所需要的各种生产性服务基本由企业内部提供，还没有形成对外部专业化社会化服务的规模需求，因而也没有形成专业化的生产性服务市场，只有少数知识型和创新型工业企业对生产性服务产生需求。在成长期，工业企业内部的生产性服务活动逐步开始外部化，其对外部生产性服务的需求不断增加，外部专业化的生产性服务市场逐渐形成；并且随着专业化市场的形成，外部生产性服务供应者之间的竞争关系也开始表现出来。在这一阶段对生产性服务的需求不仅有知识型和创新型工业企业，还有知识和创新程度较低的一般性工业企业。在成熟期，生产性服务业的发展规模和水平不断提高，市场细分程度不断提高，服务专业化水平也不断提高，各类工业企业对外部专业化社会化的生产性服务需求均明显增加。按照上述分类，结合我国各地区的发展状况，目前西部地区还处于服务外部化发展的种子期，服务外部化发展水平还处于较低层次。受经济发展水平和客观环境的影响，地区工业体系还相对落后，知识型和创新型企业还较少，很多企业仍然采用传统的生产方式和组织模式，生产链过于倚重内部供给，生产的社会化、专业化程度不高，因而对外部服务的需求还处于较低水平。这不仅制约了商贸流通等生产性服务体系的建设和规模化发展，也影响了流通业对经济发展效率作用的发挥。相对西部地区，中部地区经济发展水平相对较好，服务外部化已经进入成长期，企业的生产方式和组织模式也相对多样化，能够逐步利用外部市场，通过分包或外购等形式获取专业化社会化的商贸服务，因而，有助于流通业与制造业的互动发展从而促进地区工业的发展和经济效率的提高。在东部地区，由于经济发展水平相对较高，服务外部化发展也已经进入成熟期。地区工业企业管理体制和机制创新的活跃度较高，加上地理位置、政策环境、市场环境等各方面因素的影响，各类工业企业的发展均较为成熟，企业的生产组织模式更加灵活，也更倾向于利用企业外部市场，通过商贸服务外包整合企业生产链，提升企业效率和竞争力，因而制造业和流通业互动发展的效率更高，从而流通业的发展能够在更大程度上促进地区工业乃至地区经济效率的提高。

1.4 本章结论和启示

本章从理论上分析了流通业的发展有助于提升经济发展绩效的渠道，并且通过 2000—2011 年全国省际面板数据，运用 SFA 模型实证检验了流通业发展对经济发展绩效的影响，并进一步探讨了这种影响在不同经济发展阶段所表现出的差异性。结果表明，第一，总体上看，发展流通业能够促进国民经济效益的提高，其背后的渠道包括吸纳社会就业、与工农业形成互动等方面，通过产业关联效应和就业吸纳效应，流通业能够对经济发展绩效产生积极的外溢效应。第二，流通业对经济发展绩效的外溢作用和经济发展阶段密切相关，经济越发达的地区，流通业对经济发展效益的促进作用越大。东部地区流通业对经济发展效益的外溢效应最大，中部地区次之；在经济发展水平最低的西部地区，这种正向影响效应还不明显。第三，制度和政策是影响流通业发展，进而影响其对经济发展效益外溢作用的重要因素。

本章研究结论所蕴含的政策启示主要有以下几方面。

（1）重新定位流通业在经济发展中的作用。尽管流通业作为国民经济中的基础产业，对生产和消费的中介、服务功能以及较强的就业吸纳能力已经受到越来越多的关注，但长期以来，流通业的产业关联和增长外溢效应，特别是流通业在扩展产业链、提高生产效率、增加产业附加值、提高经济效益等方面的作用还未得到足够重视，因而大大抑制了流通业对经济发展外溢效应的发挥。因此，要改变传统观念，从产业关联、吸纳就业、增长外溢效应等方面，重新定位流通业在经济发展中的作用，确立流通业发展目标，促进经济发展升级战略，科学合理地推动流通业发展，促进经济效益提升和经济结构升级。各地区尤其是经济落后地区，应依据本地区经济发展和工业化进程的实际需要，制定和实施相应的流通业发展规划和政策措施，统筹协调流通业发展中的问题，大力推动流通业的发展，以促进地区经济效益的提高。

（2）从商贸服务供给角度看，当前制约流通业与工业等其他产业互动发展的主要障碍在于流通业创新不足，发展水平和层次较低，而这根源于流通体制改革不到位，市场机制的作用难以得到充分发挥，从而导致流通服务的效率以及服务的社会化、市场化水平还处于较低水平。因此，要加快推进流通业市场化改革，建立现代市场经济体制，实现商贸服务资源配置的优化和效率的提升。具体而言：一是加快推进流通业所有制结构调整，通过税收优惠、放宽信贷条件、项目融资、设立产业投资基金等方式，积极引入和强化市场竞争，推进资源配置由政府主导向市场主导转变。二是深化国有流通企业改革和战略重组，加快培育具有较强竞争力的大型流通企业集团，提高企业规模水平、竞争力和服务效率。三是建立全方位、统一开放的市场和流通体系，促进流通要素和资源的高效充分流动，形成公平竞争的市场环境。

（3）从商贸服务需求角度看，制造业商贸服务需求不足是影响流通业发展进而影响流通业对经济发展绩效作用的重要因素。这不仅与制造企业自我服务比重高、外包服务项目层次低、中间需求不足有关，而且与市场中介组织、法律制度环境、社会信用体系等宏观制度层面密切相关。因此，一方面要推动制造企业改变传统的经营模式和组织形式，在实行"主辅分离"、加强核心能力建设的同时，将物流、仓储、运输、销售等生产性服务环节剥离为社会化的专业服务，以核心竞争优势整合配套相关商贸企业的服务供给功能。另一方面，要通过进一步完善相关法律法规，加大对产权和合同的保护，加强社会信用体系建设，发挥中介组织的作用，降低服务外包的风险，加强企业间的信任与合作，为流通业和制造业的互动发展创造良好的制度环境。

2 我国流通业的增长与结构变化

2.1 引言和相关文献述评

经过改革开放 30 多年的高速增长，我国商品市场发生了巨大变化，流通业逐渐成为国民经济的先导产业（刘国光，1999）和基础产业（黄国雄，2005）。特别是 2000 年以来，随着改革开放的不断深入和市场经济的不断发展，流通业出现了加速增长趋势。2000—2011 年，流通业增加值从 16 465.9 亿元增加到 74 549.9 亿元，增长了 4.5 倍，占 GDP 比重基本稳定在 16% 左右。与此同时，在第三产业内部，流通业增加值占第三产业的比重始终保持在 35% 以上，居各行业之首。当前我国经济已经进入中高速增长的新常态，在新的经济发展阶段，从产业结构看，工业的比重将趋于下降，服务业的发展将成为供给的主要驱动力。作为服务业中重要组成部分的流通业，也将为未来中国经济的增长提供重要动力，在这一背景下，流通业的发展创新和转型升级具有重要的战略意义。因此，在当前经济进入新阶段的条件下，通过对我国流通业发展水平及结构变化的分析，发现流通业发展过程中的典型特征、变化趋势以及存在的问题，有助于更好地为流通业的发展提供现实依据和支持。

关于流通业的发展及其结构变化，一直是学界关注的重要内容。刘向东等（2009）的实证分析表明，我国流通业具有资本与技术共同驱动发展的趋势，其中技术进步对流通业发展的贡献更高，单纯的劳动要素投入已经不在流通业的增长中占主导性地位。马强文和任保平（2011）、任保平（2012）的研究则表明，改革开放以来，尽管我国流通业增长能力有了不断提高，但增长质量以及影响力还不高。杨波（2011）分析了我国流通业的空间结构变化特征，结果表明，我国流通业的空间分布与各地区所占全国的经济份额基本一致，流通业增长率变化与宏观经济变化方向一致，但流通业的发展滞后于宏观经济发展。杨波和王章留（2011）研究了流通业增加值变动趋势，结果表明，流通业增加值占 GDP 的比重与经济发展水平之间具有较强的相关性，因此要重视流通业在国民经济中的地位和发展规律，大力发展流通业，从而为服务业结构优化和升级提供坚实基础。任保平和王辛欣（2011）研究了我国流通业的地区结构，认为流通业发展呈现明显的地区差异，影响了全国统一大市场的建立。王晓东和谢莉娟（2011）认为，国内商品流通领域的结构问题集中表现为流通规模与流通效率、传统流通与现代流通、流通业态与流通技术、流通经济职能与社会职能之间的矛盾。荆林波和王雪峰（2012）认为，尽管我国流通产业规模不断扩大，主体和业态趋于多样化，但流通规模较小，集中度较低，竞争力不强，流通产业的发展水平还需要进一步提高。依绍华和张昊（2015）、路红艳（2015）认为，随着我国经济步入新常态，流通业在发展速度和行业结构上也呈现出新的变化和特征。作为国民经济的基础产业和先导产业，流通业必须通过转型变革适应经济新常态，并通过推动产业转型升级和创新发展引领经济新常态。

可以看出，现有研究对流通业的增长以及结构问题进行了很多有益的探索，也为本章的研究奠定了基础。但也可以发现，目前很多关于流通业增长及结构问题的研究主要集中在某些方面，比如流通业的增长特征和增长方式的研究、流通业发展地区差距的研究、流通业结构变化的研究、流通产业和企业规模结构的研究等。从现有文献看，对于流通业增长和结构变化的系统性研究还很少，特别是流通业发展和结构变化的趋势特征及其存在的问题和原因的研究还不多见。为了对我国流通业的发展状况有一个较为全面的认识，本章尝试基于2000—2011年统计数据，对我国流通业的发展水平以及内部结构进行描述和分析，发现我国流通业发展过程中的典型特征、变化趋势以及存在的主要问题，从而为更好地推动流通业发展提供依据和支持，以期在新的发展阶段更好地发挥流通业在国民经济中的基础性和先导性作用。本章的结构安排如下：2.2节对研究内容、指标选取及数据等予以说明；2.3节运用总量层面指标对流通业发展的总体水平及其变化趋势进行分析；2.4节运用结构层面指标对流通业发展的内部结构及其变化趋势进行分析；2.5节提出研究结论和政策建议。

2.2 研究设计

本章将2000—2011年我国流通业的增长及结构变化问题的研究分为两个层面：流通业发展水平和流通业发展的内部结构。在做整体研究时，流通业基本数据是"交通运输仓储和邮政通信业""批发零售住宿和餐饮业"这两个行业的归并；在做细分行业研究时，这两个行业均进行单独统计。

在流通业发展水平层面，主要分析流通业发展的规模、速度以及效率的变化。结合数据的可得性，主要从两个方面进行分析：一是产业规模和发展速度，具体指标包括增加值、增加值增长速度、产值占GDP比重、产值占第三产业比重。其中，增加值指标即流通业增加值总量，反映流通业规模水平；增加值增长速度指标即流通业增加值增长的速度，反映流通业发展的速度；产值占 GDP 比重指标是流通业增加值在国内生产总值中的比重，反映流通业在国民经济中的份额；产值占第三产业比重指标是流通业增加值在第三产业增加值中的比重，反映流通业在第三产业中的份额。二是产业发展效率和效益，具体指标包括人均增加值和劳动生产率。其中，人均增加值即以人均计算的流通业增加值，反映流通业的产出效益状况；劳动生产率即行业总产出与就业人数之比，反映流通业的生产效率。上述指标不仅包含总量指标，而且包含速度和效益指标，能够比较全面地反映我国流通业的发展水平和增长状况。

在流通业发展的结构层面，主要分析流通业发展的结构特征及其变化趋势。结合数据的可得性，主要从五个方面进行分析：一是行业结构，具体指标包括交通运输仓储邮政业增加值、批发零售住宿餐饮业增加值、交通运输仓储邮政业增加值比重、批发零售住宿餐饮业增加值比重，分别表示交通运输仓储邮政业、批发零售住宿餐饮业增加值总量及其在流通业总产值中的比重，反映流通业内部各行业的发展规模及份额。二是业态结构，具体指标为连锁零售企业各业态门店总数占门店总数的比重、连锁零售企业各业态从业人数占从业总数的比重，反映流通业态分布情况。三是地区结构，具体指标包括各省人均增加值的均值、最大最小值、标准差和变异系数，东部、中部和西部地区人均增加值的均值、最大最小值、标准差和变异系数，主要反映各省份之间以及三大地区之间流通业发展水平的绝对差距以及相对差距，反映了各省份之间和三大地区之间流通业发展水平的差异。四是企业规模结构，具体指标为零售百强企业销售额占社会消费品总额的比重，反映流通企业的规模和集中度。五是所有制结构，具体指标为国有、集体、其他经济类型流通业职工人数占职工总数的比重、交通运输仓储邮政业职工人数占职工总数的比重、批发零售住宿餐饮业职工人数占职工总数的比重，反映流通业及其细分行业职工人数在不同经济类型企业的构成。上述指标包含了反映流通业发展的行业结构、业态结构、地区结构、企业规模结构、所有制结构等方面的指标，能够较好地反映我国流通业发展的结构特征及其变化趋势。

需要说明的是，由于统计资料的限制，本章研究中的分省数据不包括西藏自治区，相关数据来源于 2001—2012 年《中国统计年鉴》以及中国商业联合会的相关统计数据。在分地区的研究中，按照通常的划分方法，将全国总体分为东部、中部和西部三大地区进行研究，其中，东部地区包括北京、天津、河北、辽宁、上海、江苏、浙江、福建、山东、广东和海南 11 个省（市），中部地区包括山西、吉林、黑龙江、安徽、江西、河南、湖北和湖南 8 个省，西部地区包括内蒙古、广西、重庆、四川、贵州、云南、陕西、甘肃、青海、宁夏和新疆 11 个省（区）。由于三大地区经济发展水平、产业结构、增长方式、消费方式等都存在较为明显的差异，而且国家区域政策的制定通常也以这三大地区流通业的发展状况为基础，因此，按照三大地区来分析，有助于体现地区流通业和经济发展水平的差异，也有助于和国家的区域政策保持一致。具体在流通业的发展水平和流通业发展内部结构的分析中，本章不仅运用相关统计数据描述和刻画流通业增长及结构变化的客观事实，而且还试图对流通业增长及结构变化过程背后的原因进行初步解释。

2.3 流通业的发展水平及变化趋势

2.3.1 产业规模和发展速度

表 2.1 列出了 2000—2011 年我国流通业的发展规模及增长速度。可以看出，流通业增加值从 2000 年的 16 465.9 亿元增加到 2011 年的 74 549.9 亿元，2000—2011 年增长了 3.5 倍，流通业增加值总量增长优势明显。而同期的 GDP 从 2000 年的 99 214.6 亿元增加到 2011 年的 472 881.6 亿元，服务业增加值从 2000 年的 38 714 亿元增加到 2011 年的 204 982.5 亿元。从增长率来看，流通业的增长率略低于同期 GDP 增长率和服务业增长率水平（图 2.1）。从各年份看，受 2001 年加入 WTO 以及 2008 年金融危机的影响，2001 年、2002 年、2003 年、2008 年、2009 年增长速度有所下降，其余年份均呈现出明显的增长趋势。2011 年流通业增加值增长速度为 18.4%，比 2000 年明显上升。但从波动幅度看，流通业增长速度表现出较大的波动性。总体而言，我国流通业在规模不断扩大的同时，增长速度还相对较低，而且表现出较大的波动性。由此可见，对于流通业的发展和增长问题，应该给予充分重视。

表 2.1 2000—2011 年我国流通业发展规模和增长速度

年份	增加值（亿元）	增长速度（%）	年份	增加值（亿元）	增长速度（%）
2000	16 465.9	12.7	2006	33 506.3	16.2
2001	18 389.8	11.7	2007	41 086.9	22.6
2002	20 213.1	9.9	2008	49 160.9	19.7
2003	22 208.8	9.9	2009	52 829.8	7.5
2004	25 423.2	14.5	2010	62 946.9	19.2
2005	28 828.1	13.4	2011	74 549.9	18.4

数据来源：根据《中国统计年鉴（2001—2012）》整理计算。

从相对比重来看（见表 2.2），2000 年流通业增加值占 GDP 的比重为 16.6%，占服务业的比重为 42.5%；2011 年这一比例分别为 15.8% 和 36.4%。

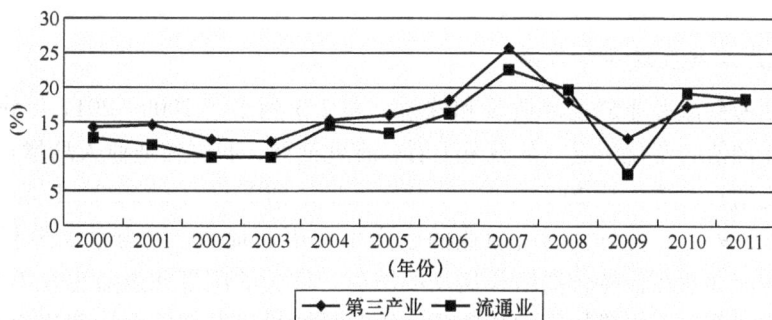

图 2.1　2000—2011 年我国第三产业和流通业增加值增长速度

资料来源：根据《中国统计年鉴（2001—2012）》相关数据计算整理。

尽管相对比重有所下降①，但流通业增加值占 GDP 的比重基本稳定在 16% 左右，在服务业中的比重也达到 1/3 以上。可见，流通业仍然是第三产业的主要组成部分，是国民经济中重要的产业部门之一。总体上看，随着经济的发展和服务业在国民经济中地位的不断提高，作为第三产业重要组成部分的流通业也得以快速增长，流通业的发展水平在不断提高。但值得注意的是，目前我国流通业在 GDP 中的比重仍然偏低，而发达国家这一比重一般在 20% 以上，说明我国流通业仍然存在发展滞后的问题。因此，当前要进一步加快第三产业的发展，必须重视流通业在第三产业中的地位和作用，制定和实施加快流通业发展的规划和政策措施，大力推动流通业发展，以此促进我国服务经济更快发展。

表 2.2　2000—2011 年我国流通业产值占 GDP 及服务业比重

年份	产值占 GDP 比重（%）	产值占 服务业比重（%）	年份	产值占 GDP 比重（%）	产值占 服务业比重（%）
2000	16.6	42.5	2006	15.8	39.5
2001	16.8	41.5	2007	16.0	39.6
2002	16.8	40.5	2008	16.4	40.8
2003	16.4	39.7	2009	15.5	35.7
2004	15.9	39.4	2010	15.8	36.3
2005	15.7	39.3	2011	15.8	36.4

数据来源：根据《中国统计年鉴（2001—2012）》整理计算。

---

① Betancourt 和 Anderson（2001）的研究表明，流通业增加值占 GDP 的比重和经济发展的长期关系呈倒 U 型。在工业化前期和中期，流通业增加值比重会持续上升达到最高点；在工业化后期和后工业化时期，流通业增加值比重在稳定后会有所下降。由于到 2010 年"十二五"结束我国已经基本完成工业化初级阶段向中期阶段的过渡，开始进入工业化后期，因此流通业增加值在 GDP 和第三产业中的比重有所下降。

2.3.2　产业发展效率和效益

下面考察流通业的发展质量和效益。表2.3列出了2000—2011年我国流通业人均增加值的变化情况。从数量上看，在此期间，我国流通业人均增加值一直保持稳定增长态势，从2000年的1 299.2元增加到2011年的5 533.1元，增加幅度为4 233.9元，表明我国流通业的生产率在不断提高。结合前文分析可以看出，我国流通业在保持较高增长速度的同时，增长的质量和效益也在不断提高。从增长速度看，人均增加值增长率均为正，且增长速度总体上表现出上升趋势。特别是2005年之后，人均增加值增长趋势比较明显，年均增长率达16.7%；除2009年以外，其余年份均保持15%以上的增长率；到2011年，流通业人均增加值增长率达17.9%，比2000年高6个百分点。但值得注意的是，流通业人均增加值增长率年际差异较大，波动性较强。因此，今后流通业在保持较高增长速度的同时，增长的质量和效益还有待进一步提高。

表2.3　2000—2011年我国流通业人均增加值

年份	人均增加值（元）	增长率（%）	年份	人均增加值（元）	增长率（%）
2000	1 299.2	11.9	2006	2 549.0	15.6
2001	1 440.9	10.9	2007	3 109.6	22.0
2002	1 573.6	9.2	2008	3 701.8	19.0
2003	1 718.6	9.2	2009	3 958.8	6.9
2004	1 955.8	13.8	2010	4 694.3	18.6
2005	2 204.7	12.7	2011	5 533.1	17.9

注：平均值按照加权方式计算，权重为全国年末人口比重。

数据来源：根据《中国统计年鉴（2001—2012）》整理计算。

表2.4进一步列出了2000—2011年我国流通业的劳动生产率状况。可以看出，在此期间流通业的生产率总体上呈现稳步增长态势，从2000年的24 521.07元/人增加到2011年的81 716.43元/人，2000—2011年增长了2.3倍，表明经过长期的持续快速发展，我国流通业的技术水平和生产效率在不断提高。从增长速度看，不同年份流通业劳动生产率的增长有所差异。2005年之前，流通业劳动生产率的上升趋势比较稳定，年均增长率为8.2%；2005年之后，流通业劳动生产率的增长趋势比较明显，年均增长率达15%；2000—2011年期间，流通业劳动生产率年均增速11.6%。尽管保持了较高的增长速度，但仍然落后于服务业劳动生产率的年均增速（13%）1.4个百分点。这一情况表明，我国流通业劳动生产率同样存在增长相对滞后的问题。由于流通业在第三产业中占据重要份额，因

此，随着产业结构转型升级和服务业所占比重的不断提高，流通业劳动生产率增长相对滞后必然影响到服务业整体的生产效率，从而影响到经济增长的速度。因此，如何提高流通业增长的效率，不仅是关系到流通业增长的质量和可持续性的重要问题，而且也关系到服务业和经济总体的增长效率和质量。

表 2.4 2000—2011 年我国流通业劳动生产率

年份	劳动生产率（元/人）	年份	劳动生产率（元/人）	年份	劳动生产率（元/人）
2000	24 521.07	2004	33 038.60	2008	57 163.84
2001	27 147.62	2005	36 266.32	2009	61 096.10
2002	28 658.87	2006	40 707.45	2010	71 489.84
2003	30 452.21	2007	49 312.17	2011	81 716.43

注：劳动生产率为行业总产出与就业人数之比。

数据来源：根据《中国统计年鉴（2001—2012）》相关数据整理计算。

2.4 流通业发展的结构及变化趋势

2.4.1 行业结构

在流通业快速发展的同时，流通业各行业也得到了快速发展。表 2.5 列出了 2000—2011 年我国流通业细分行业增加值及其构成。从增加值看，在此期间，我国流通业各行业增加值均保持了较快增长态势。其中，交通运输仓储邮政业增加值从 2000 年的 6 161 亿元增加到 2011 年的 21 931.9 亿元，增加幅度为 15 770.9 亿元；批发零售住宿餐饮业从 2000 年的 10 304.9 亿元增加到 2011 年的 52 618 亿元，增加幅度为 42 313.1 亿元。从增加值增长速度看，在此期间流通业各行业增加值增长速度均表现出明显的波动性，并且同一时期不同行业的增长速度也有所差异。这在一定程度上反映了流通业内部各行业的发展差异。总体上看，批发零售住宿餐饮业年均增长速度略大于交通运输仓储邮政业。

从流通业内部细分行业构成比重看，2000—2011 年，细分行业构成顺序没有发生改变，批发零售住宿餐饮业所占比重相对较大，交通运输仓储邮政业所占比重相对较小。并且交通运输仓储邮政业相对比重呈现下降趋势，从 2000 年的 37.4% 下降到 2011 年的 29.4%，批发零售住宿餐饮业相对比重在此期间则上升了 8%。这说明传统的批发零售等商业部门在流通业中所占比重偏高，而且有不断上升的趋势，而以运输仓储为代表的现代物流业在流通业中的比重偏低，这与流通业乃至服务业增长和结构优化的趋势显得不够协调。因此，在今后发展过程中，流通业发展的内部结构还有待进一步优化。

表 2.5 2000—2011 年我国流通业细分行业及其构成

年份	交通运输仓储邮政业		批发零售住宿餐饮业		年份	交通运输仓储邮政业		批发零售住宿餐饮业	
	亿元	%	亿元	%		亿元	%	亿元	%
2000	6 161.0	37.4	10 304.9	62.6	2006	12 183.0	36.4	21 323.3	63.6
2001	6 870.3	37.4	11 519.5	62.6	2007	14 601.0	35.5	26 485.9	64.5
2002	7 492.9	37.1	12 720.2	62.9	2008	16 362.5	33.3	32 798.4	66.7
2003	7 913.2	35.6	14 295.6	64.4	2009	16 727.1	31.7	36 102.7	68.3
2004	9 304.4	36.6	16 118.8	63.4	2010	19 132.2	30.4	43 814.6	69.6
2005	10 666.2	37.0	18 161.9	63.0	2011	21 931.9	29.4	52 618.0	70.6

数据来源：根据《中国统计年鉴（2001—2012）》相关数据整理计算。

2.4.2 业态结构

随着经济的发展和改革开放的深入，伴随着原有流通格局的打破和流通主体多元化的形成，流通业态也呈现多元化发展趋势，百货店、超级市场、专业店、专卖店、便利店、社区商业、小型超市、网络零售等多业态发展趋势明显。从业态整体看，2002 年连锁零售企业各业态门店总数 30 746 个，从业人员 63.32 万人；到 2011 年连锁零售企业各业态门店总数达 195 779 个，从业人员达 249.1 万人。[①] 从业态分布看（图 2.2 和图 2.3），专业店门店总数占比远远高于其他业态，同时就业人员占比也处于较高水平，2011 年专业店门店总数占比和就业人员占比分别为 48.9% 和 38.7%。超市和专卖店门店总数和就业人员数占比也相对较高，而传统的百货商店门店总数占比和就业人员占比均呈现下降趋势；2011 年百货商店门店总数占比仅为 2.5%，就业人员占比则相对较高，达到 10.6%。此外，信息技术的快速发展推动了网络购物的蓬勃发展。根据中国电子商务研究中心的统计数据，2007 年，中国网上零售市场交易规模为 520 亿元，仅占社会消费品零售总额的 0.6%；到 2011 年，网上零售市场交易规模达 7 303 亿元，占社会消费品零售总额比重达 4.4%。电子商务的发展加速了实体市场和网上市场的融合。

但目前我国流通业态发展还面临一些问题，比如传统业态的创新不足，新型

---

① 数据来源于《中国统计年鉴》。

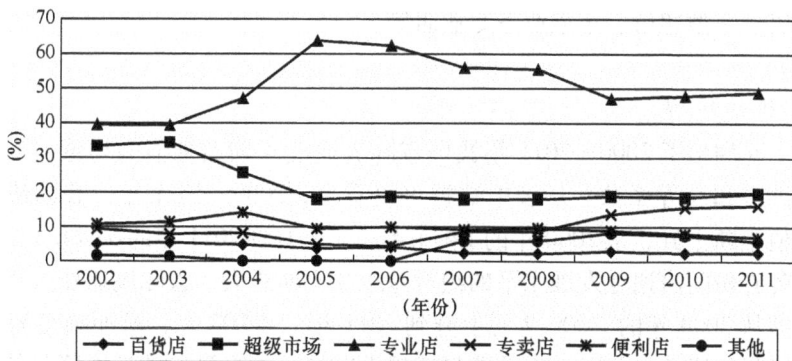

图 2.2　2002—2011 年连锁零售企业各业态门店总数比重

资料来源：根据《中国统计年鉴（2003—2012）》相关数据计算整理。

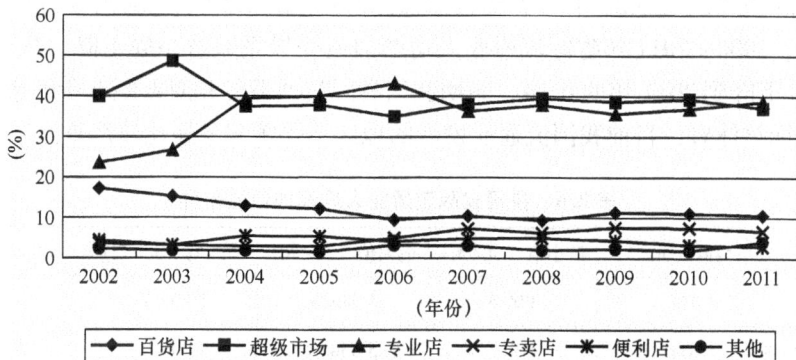

图 2.3　2002—2011 年连锁零售企业各业态从业人数比重

资料来源：根据《中国统计年鉴（2003—2012）》相关数据计算整理。

业态的深度细化和业态融合还不足等。一方面由于传统百货店进入衰减期，实体店关闭现象明显。其主要原因在于企业自身创新发展不足，核心竞争力不强，而且没有切实结合电子商务快速发展和居民消费需求变化的要求相应地调整商品和服务的经营比例，并且经营模式创新不足。因此，百货店等传统业态在经营模式、线上线下融合等方面还要进一步发展创新。另一方面，便利店、小型超市等新型业态的深度细化和分化还相对滞后，且多业态融合发展不足。在新型业态发展不足方面，以每百万人拥有便利店店铺数量统计，日本为 388 家，我国台湾地区为 425 家，我国大陆城市平均仅为 54 家，而且我国城市便利店单店平均销售水平也远落后于日本和我国台湾地区。今后新型业态的发展要注重规模和数量以及单一业态向多业态的协同发展转变，尤其是加速向社区延伸服务，大力发展社区便利店、小型超市、小型业态专业店等。

2.4.3　地区结构

表2.6列出了2000—2011年我国省际流通业人均增加值的均值、最大最小值、标准差和变异系数。从表中数据可以看出，2000—2011年，我国流通业人均增加值不断上升，从2000年的1 474.4元，上升到2011年的6 614.8元。与此同时，各省份间流通业发展水平的绝对差距在不断扩大，省际流通业人均增加值的标准差从2000年的1 006.7元上升到2011年的4 208元，增加幅度为3 201.3元。但省际流通业的相对差距并非呈现扩大态势，而是呈波动性下降趋势。具体而言，2000—2004年，省际流通业发展水平变异系数呈稳步下降趋势，从2000年的0.68下降到2004年的0.63，下降幅度为0.05。2005年，流通业发展水平变异系数呈现显著上升趋势。2006—2011年，省际流通业发展水平变异系数基本呈下降趋势，从2006年的0.69下降到2011年的0.64，下降幅度为0.05。总体上看，2000—2011年省际流通业人均增加值变异系数有小幅下降，从2000年的0.68下降到2011年的0.64，表明我国省际流通业的相对差距有所缩小。但从数据指标整体看，目前我国流通业发展的地区不平衡现象还比较严重。

表2.6　我国省际流通业人均增加值的差异

年份	平均值（元/人）	最小值（元/人）	最大值（元/人）	标准差（元/人）	变异系数
2000	1 474.4	378.6	4 976.5	1 006.7	0.68
2001	1 637.1	419.7	5 366.9	1 096.0	0.67
2002	1 784.9	459.9	5 750.8	1 184.9	0.66
2003	1 941.7	503.8	6 056.9	1 258.0	0.65
2004	2 189.8	549.5	6 516.0	1 380.6	0.63
2005	2 740.8	768.0	8 422.2	1 956.2	0.71
2006	3 077.7	889.6	9 125.5	2 134.2	0.69
2007	3 482.5	1 109.1	9 975.8	2 303.7	0.66
2008	4 004.3	1 313.1	10 880.1	2 524.9	0.63
2009	4 803.8	1 996.5	13 833.6	3 232.8	0.67
2010	5 636.6	2 322.9	16 045.1	3 729.0	0.66
2011	6 614.8	2 948.2	17 846.8	4 208.0	0.64

注：平均值和标准差均按照加权方式计算，权重为各省年末人口比重。

资料来源：根据《中国统计年鉴（2001—2012）》相关数据整理计算。

　　从东部、中部、西部三大地区看，流通业发展的不平衡现象也很明显（见表2.7）。从表2.7的数据可以看出，2000—2011年，东中部之间、东西部之间流通业人均增加值的绝对差距在不断扩大，分别由2000年的1 131.2元和1 306.9元，上升到2011年的5 112.4元和5 276.3元，增加幅度分别达到3 981.2元和3 969.4元；但中西部之间流通业人均增加值的绝对差距有所缩小，由2000年的175.7元下降到2011年的163.9元。从相对差距看，东中部地区呈缓慢扩大趋势，东西部和中西部则呈现明显下降趋势。东中部地区相对差距从2000年的2.16上升到2011年的2.21，上升幅度为0.05；东西部地区、中西部地区相对差距则分别从2000年的2.64和1.22减小到2011年的2.3和1.04，下降幅度分别为0.34和0.18。

表 2.7　我国东、中、西地区流通业人均增加值的差异

年份	东部（E）	中部（M）	西部（W）	E－M	E－W	M－W	E/M	E/W	M/W
2000	2 102.3	971.1	795.4	1 131.2	1 306.9	175.7	2.16	2.64	1.22
2001	2 325.7	1 081.3	902.8	1 244.4	1 422.9	178.5	2.15	2.58	1.20
2002	2 566.9	1 182.0	993.5	1 384.9	1 573.4	188.5	2.17	2.58	1.19
2003	2 798.1	1 320.9	1 079.6	1 477.2	1 718.5	241.3	2.12	2.59	1.22
2004	3 186.4	1 514.3	1 222.1	1 672.1	1 964.3	292.2	2.10	2.61	1.24
2005	3 772.7	1 762.6	1 530.1	2 010.1	2 242.6	232.5	2.14	2.47	1.15
2006	4 315.0	1 986.1	1 752.4	2 328.9	2 562.6	233.7	2.17	2.46	1.13
2007	4 902.6	2 304.8	2 023.7	2 597.8	2 878.9	281.1	2.13	2.42	1.14
2008	5 701.0	2 708.8	2 377.9	2 992.2	3 323.1	330.9	2.10	2.40	1.14
2009	6 619.7	3 066.8	2 879.1	3 552.9	3 740.6	187.7	2.16	2.30	1.07
2010	7 884.5	3 601.4	3 382.1	4 283.1	4 502.4	219.3	2.19	2.33	1.06
2011	9 342.9	4 230.5	4 066.6	5 112.4	5 276.3	163.9	2.21	2.30	1.04

资料来源：根据《中国统计年鉴（2001—2012）》相关数据整理计算。

　　上述分析表明，无论是各省之间还是东、中、西三大地区之间，流通业发展的区域不均衡问题都非常严重。不可否认，流通业发展的区域差异在一定程度上体现了我国经济发展的不平衡性。但另一方面，产业自身发展水平的差异也会在一定程度上影响到区域经济发展水平。如果这种区域增长不平衡现象不能得到根本性改变，不仅不利于流通业的持续增长与发展，也难以促进区域经济的均衡发展。因此，在中国经济进入新的发展阶段下，如何缩小流通业发展的地区差异，促进区域流通业的协调发展，并以此带动区域经济的协调发展，是值得关注的重大战略问题。

2.4.4 企业规模结构

随着我国流通业规模水平的不断提高，流通企业也取得了快速发展。2000年，批发零售法人企业数量为 25 567 个；2011 年，批发零售法人企业数量为 125 223 个。其中，批发法人企业从 2000 年的 15 393 个，增加到 2011 年的66 752 个；零售法人企业从 2000 年的 10 174 个，增加到 2011 年的 58 471 个。[①] 尽管企业数量在不断增加，但从总体上看，我国流通企业规模还处于较低层次，市场集中度较低，大型企业销售额占整个社会消费品零售总额的比重还很少，中小流通企业依旧占绝大多数。2010 年，全国零售百强企业中只有苏宁、国美和百联集团的销售额突破了千亿元规模。

图 2.4 反映了 2006—2011 年零售百强企业销售额占社会消费品零售总额的比重。可以看出，目前百强企业销售规模占社会消费品零售总额的比重还不足12%，而发达国家这一比例在 20 世纪 90 年代就高达 60%。2011 年，我国零售百强企业的销售规模为 33 741 亿元，增速低于 2010 年 0.9 个百分点；连锁百强销售规模仅占社会消费品零售总额的 10.9%，尽管比 2010 年提高 0.3 个百分点，但仍然处于较低水平。百强中前 10 名企业占百强总销售规模的比重从 2010 年的47.1% 微升至 48.3%。综合以上分析，我国流通企业规模总体上呈散小、微弱的状态，流通业集团化、规模化程度偏低，即使是我国流通企业中规模相对较大的苏宁、国美、华联等企业销售额占社会消费品零售总额的比重也非常小。因此，我国流通企业的规模结构还有待进一步优化。

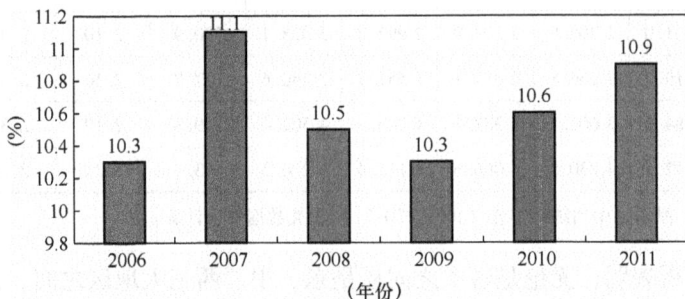

图 2.4　2006—2011 年我国零售百强销售额占社会消费品零售总额比重

资料来源：根据中国商业联合会统计数据整理。

---

① 数据来源于《中国统计年鉴》。

2.4.5 所有制结构

下面考察我国流通业的所有制结构。表2.8列出了各经济类型（国有经济、集体经济、其他经济）在流通业整体及其细分行业中所占的比重。从整体上看，国有经济在流通业中还占据较大份额，2000—2011年国有经济平均比重为54.2%。但另一方面，可以发现国有经济比重有显著下降的趋势：2000年国有经济比重为66%，到2011年这一比重下降为39.8%，下降幅度达26.2%。集体经济在流通业中的比重也呈明显下降趋势，从2000年的20.8%下降到2011年的4.8%，下降幅度为16.4%；其他经济在流通业中的比重呈显著上升趋势，从2000年的13.2%上升到2011年的55.4%，上升幅度高达42.2%。出现这种现象的原因在于，随着改革开放和市场化进程的推进，我国市场经营主体结构发生了深刻变化，国有和集体经济的比重逐年下降，个体、私营、外资等其他经济快速发展，在国民经济中逐步占据了重要地位。流通业是我国服务业中较早实行体制改革和市场开放的领域，随着多种经济成分的引入，计划经济体制下国有商业长期垄断市场的僵化的流通格局被打破，中国流通业的所有制结构正逐步趋于优化。

表2.8　我国流通业的所有制结构　　　　　　　　　（%）

年份	流通业			交通运输仓储邮政业			批发零售住宿餐饮业		
	国有	集体	其他	国有	集体	其他	国有	集体	其他
2000	66.0	20.8	13.2	83.3	8.5	8.2	54.3	29.1	16.5
2001	65.7	17.9	16.4	82.4	7.4	10.1	53.2	25.7	21.1
2002	64.1	15.3	20.6	81.2	6.4	12.4	49.8	22.8	27.4
2003	61.0	12.8	26.2	77.8	6.0	16.2	47.3	18.3	34.4
2004	58.3	11.4	30.3	75.6	5.4	19.0	43.8	16.4	39.8
2005	55.0	10.2	34.9	72.8	5.0	22.1	39.7	14.6	45.8
2006	52.6	9.0	38.4	70.9	4.4	24.6	36.3	13.1	50.6
2007	50.8	8.1	41.1	69.5	4.0	26.5	34.1	11.8	54.1
2008	48.2	7.0	44.8	67.7	3.6	28.7	31.1	10.0	58.9
2009	45.9	6.2	48.7	65.2	3.2	31.5	27.6	8.7	63.7
2010	43.3	5.6	51.1	63.9	3.1	33.0	25.8	7.7	66.5
2011	39.8	4.8	55.4	62.7	2.6	34.6	22.7	6.4	70.9

资料来源：根据《中国统计年鉴（2001—2012）》相关数据整理计算。

从分行业看，各行业各种经济类型的比重与流通业整体的变化趋势基本上是一致的。具体而言，交通运输仓储邮政业的国有经济比重有显著下降的趋势，从2000年的83.3%下降到2011年的62.7%，下降幅度达20.6%；集体经济比重也有明显下降趋势，从2000年的8.5%下降到2011年的2.6%，下降幅度为5.9%；其他经济比重呈显著上升趋势，从2000年的8.2%上升到2011年的34.6%，上升幅度高达26.4%。批发零售住宿餐饮业的国有经济比重呈显著下降趋势，从2000年的54.3%下降到2011年的22.7%，下降幅度高达31.6%；集体经济比重下降趋势也很明显，从2000年的29.1%下降到2011年的6.4%，下降幅度达22.7%；其他经济比重则上升趋势非常显著，从2000年的16.5%上升到2011年的70.9%，上升幅度达44.4%之多。根据上述分析可以看出，与交通运输仓储邮政业相比，批发零售住宿餐饮业的所有制结构变动幅度更大，非国有经济已经逐渐处于主导地位。批发零售住宿餐饮业的特点决定了该行业的开放程度相对较高，因而非国有经济具有更为明显的优势地位。

总体上看，2000—2011年，国有经济和集体经济在我国流通业中所占比重逐步下降，其他经济成分取得较大发展。但也应该注意到，目前国有经济在流通业中仍然占据很大份额，特别是交通运输仓储邮政业，国有经济占据着绝对优势地位。但由于市场竞争程度低，必然导致其相关领域服务质量差，经济效率低。比如物流方面，长期以来我国物流成本一直居高不下[①]，这和市场竞争不足所造成的交易成本过高、管理和运营效率低下有着重要关系。因此，继续加快流通领域的市场化步伐，深化国有流通企业所有制改革，推进产权多元化，是流通业所有制结构调整的必然趋势。

2.5 本章结论和启示

本章运用2000—2011年我国流通业在总量和结构层面的数据，从产业规模和发展速度、产出效率和效益、行业结构、业态结构、地区结构、企业规模结构、所有制结构等方面分析了我国流通业的增长和结构问题。主要得到以下结论。

从总量上看，2000年以来，我国流通业的总量增长趋势比较明显，但增长率略低于同期GDP增长率和服务业增长率水平。流通业增加值占GDP的比重基本稳定在16%左右，在服务业中的比重也达到1/3以上。但和发达国家相比，我国流通业在GDP中的比重仍然偏低，流通业仍然存在发展滞后的问题。在此期

---

① 中国物流信息中心统计数据显示，目前，我国社会物流总费用占GDP的比重为18%，这一比率是发达国家的两倍，高于全球平均水平约6.5个百分点。

间，流通业人均增加值一直保持稳定增长态势，人均增加值增长率均为正，且增长速度总体上表现出上升趋势，但波动性较强。与此同时，我国流通业的生产率也呈现稳步增长态势，但与服务业整体相比，流通业劳动生产率同样存在增长相对滞后的问题，流通业增长的质量和效率还有待进一步提高。

从结构上看，流通业各行业均取得了快速发展，但行业之间的差异也比较明显。传统的批发零售住宿餐饮业发展相对较快，在流通业中所占比重达 65.2%，并且有不断扩大的趋势；而以交通运输仓储为代表的物流部门发展缓慢，在流通业中所占比重偏低，并且有不断下降的趋势，流通业内部结构优化缓慢。流通业态也呈现多元化发展趋势，百货店、超级市场、专业店、专卖店、便利店、社区商业、小型超市、网络零售等多业态发展趋势明显，但流通业态发展还面临传统业态的创新不足，新型业态的深度细化和业态融合还不足等问题。省际流通业发展的绝对差距不断扩大，相对差距呈小幅下降趋势，东中部之间、东西部之间流通业人均增加值的绝对差距不断扩大，东中部地区相对差距从 2000 年的 2.16 上升到 2011 年的 2.21。无论是省际之间还是东、中、西三大地区之间，流通业发展的区域不均衡问题都非常严重。流通企业数量在不断增加，但从总体上看，流通企业规模还处于较低层次，市场集中度较低，企业规模结构还有待进一步优化。国有经济在流通业中的比重有显著下降趋势，集体经济稳步下降，其他经济显著上升，但目前国有经济在流通业中仍然占据很大份额，尤其在交通运输仓储和邮政通信业中，其仍然占据 62.7% 的绝对优势地位，我国流通业的所有制结构仍有待进一步优化。

根据上述结论可以发现，随着我国经济的持续快速增长，我国流通业也取得了很大发展，但在流通业发展过程中，还存在发展规模较小、发展速度效益较低、行业不平衡、地区不平衡等问题。在我国经济进入新的发展阶段条件下，为推动流通业持续快速发展，实现流通发展方式转变和流通产业结构升级，应该着重做好以下几个方面的工作：第一，深化流通体制改革，实现资源配置的优化。包括对流通业的所有制结构进行市场化调整，充分引入和强化竞争机制；深化国有流通企业改革，推进现代企业制度；加强各地区的市场化程度，建设全方位、统一开放、竞争有序的市场和流通体系等。第二，加强技术创新，促进流通业发展效率的提升。加大研发投入，开发具有自主知识产权的先进技术和核心技术，并加强对新技术的应用推广，以此加快流通领域的技术创新，推动流通技术的持续升级，提高流通业技术水平和发展效率。第三，加快行业结构调整，促进流通业发展升级。加大对交通运输仓储等物流业的发展和支持力度，加快物流基础设施的建设、整合和优化，加强物流公共信息平台建设，促进交通运输仓储等物流部门的发展。与此同时，通过业态创新、技术创新、组织创新、经营模式创新等，创新发展批发零售等传统商业部门，提升传统商业的发展水平。第四，优化企业规模结构，提升流通企业竞争力。加快培育大型流通企业，调整和优化企业规模结构，培育一批具有自主品牌和知识产权、主业突出、核心竞争力强的大型流通企业，鼓励具有竞争优势的流通企业通过参股、控股、承包、兼并、收购、托管和特许经营等方式，实现规模扩张，引导企业做大做强，提高竞争力。第五，实施区域流通产业政策，促进流通业区域协调发展。加大对中西部地区和落后地区流通基础设施建设、人才队伍建设以及市场体系和市场组织建设等方面的投入力度，引导和鼓励更多资源流向中西部地区和落后地区，缩小地区之间和各省份之间的差距，促进地区流通业的协调发展。

3 我国流通业的技术效率变化及其影响因素

3.1 引言和相关文献述评

流通业作为联结生产与消费、加强地区间经济联系的基础产业，以其在引导生产、促进消费、推动经济结构调整等方面的重要作用，正成为国民经济的先导产业。2007年，国务院《关于加快发展服务业的若干意见》中提出要优化服务业发展结构，提升改造商贸流通业。但长期以来，我国流通业发展仍然相对滞后，流通业增加值比重和就业比重都远低于发达国家水平，难以满足快速发展的国民经济的需求。目前我国流通业增加值占 GDP 的比重约为16%，发达国家这一比重通常为20%；流通业就业人数占全国就业人数的比重约为12%，而发达国家均超过20%。在当前流通业增加值比重、就业比重仍相对较低的情况下，保持较高的增长速度固然是扭转这种落后局面、提升流通业竞争力的关键。但是，一个不容忽视的问题是，如果增长的质量不高，其所蕴含的可持续性和竞争力将非常弱。那么，我国流通业的增长状况究竟如何，其增长质量与发展绩效呈现怎样的特征？流通业是否存在增长乏力、效率低下的问题？技术效率（TE）作为衡量生产单位运用现有技术达到最大产出的能力，是生产绩效的集中体现。本章将通过对流通业技术效率及其影响因素的研究，展现我国流通业技术效率的演进轨迹，寻找影响技术效率的主要因素。

从现有文献看，关于技术效率方面的研究成果非常丰富。刘小玄和郑京海（1998）、姚洋（1998）、姚洋和章奇（2001）分别运用随机前沿生产函数模型测算了我国工业企业的技术效率，并对影响工业企业技术效率的因素进行了检验。石慧等（2008）、汪小勤和姜涛（2009）分别利用随机前沿生产函数模型，研究了我国农业的技术效率问题。顾乃华（2005）利用随机前沿生产函数模型，分析了我国服务业增长的效率特征。研究表明，我国服务业的发展远未能挖掘出现有资源和技术的潜力，技术效率低下。顾乃华和李江帆（2006）采用相同方法，分析了我国服务业技术效率的区域差异，研究发现人力资本和市场化水平对服务业技术效率的区域差距具有重要影响。谷彬（2009）利用随机前沿模型，对改革开放以来我国服务业技术效率进行了测算，发现了效率演进过程中的阶段性特征和区域差距问题。对效率影响因素的实证检验结果显示，市场化改革和对外开放是造成服务业技术效率阶段性演进及区域差距的根本原因。杨青青等（2009）运用随机前沿生产函数模型，研究了我国服务业技术效率的变化特征及其影响因素，结果表明，我国服务业技术效率呈现下降趋势，技术效率存在显著的区域差异，人力资本、信息化水平、市场化进程、社会资本是影响服务业技术效率的重要因素。近年来，一些研究开始关注服务业细分行业的技术效率问题。张自然（2010）、黄莉芳（2011）采用超越对数随机前沿模型，对我国生产性服务业技术效率和技术进步及其影响因素进行了分析。余永泽和武鹏（2010）、田刚和李南（2011）采用随机前沿生产函数模型测算了我国物流产业的技术效率，并考查了影响物流业效率的因素，研究表明经济发展水平、制度变迁、区位因素等对地区物流效率有显著影响。

上述文献从各个层面对技术效率这一问题进行了深入研究和探讨，具有重要的理论价值和现实意义。其中关于服务业及其内部细分行业的效率研究，对于深入认识我国服务业及其相关细分行业的效率特征及影响因素，从而制定更为科学的政策措施具有非常重要的意义。然而可以发现，关于流通业技术效率的分析到目前为止还没有系统的理论和方法，反映了学界对流通业效率问题的研究相对不足。鉴于此，本章拟在我国经济社会发展背景下，采用形式灵活、兼容性更强的超越对数生产函数，利用随机前沿模型，对 1993—2008 年我国流通业技术效率进行研究，同时探讨技术效率的影响因素，考察影响流通业效率演进的深层原因，为进一步推进流通业增长与效率提升提供有益参考。本章的结构安排如下：3.2 节对流通业技术效率的测算方法予以阐述，具体包括理论模型和经验模型的介绍；3.3 节对实证研究中的指标选取、数据来源及处理予以说明；3.4 节对流通业技术效率和技术效率影响因素的实证检验结果进行分析；3.5 节是研究结论和政策建议。

3.2　测算流通业技术效率的方法

3.2.1　理论模型

随机前沿模型（SFA）是由 Aigner, Lovell 和 Schmidt（1977），Meeusen 和 Broeck（1977）分别独立提出的。该模型的最大优点是不仅考虑了技术效率对于产出的影响，还考虑了随机因素对于产出的影响，因而测算出的技术效率更加准确可靠。早期的研究中，主要应用于截面数据的分析，基本模型为：

$$Y_i = \beta X_i + (V_i - U_i), \ i = 1, 2, \cdots, n \tag{3.1}$$

其中：Y_i 是第 i 个企业的产出水平；X_i 是第 i 个企业的投入向量；β 是待估参数向量；V_i 是表示随机效应的随机变量，反映不可控因素对产出的影响，服从正态分布 $N(0, \sigma_v^2)$，并且独立于 U_i；U_i 是非负的随机变量，反映生产过程中技术无效率对产出的影响，常常假设其服从半正态分布、截断正态分布、指数分布或 gamma 分布，以保证 U_i 是非负的。

Battese 和 Coelli（1992）提出了适用于面板数据的随机前沿生产函数，扩展后的模型如下：

$$Y_{it} = \beta X_{it} + (V_{it} - U_{it}), \ i = 1, 2, \cdots, n \tag{3.2}$$

其中：Y_{it} 和 X_{it} 分别是第 i 家企业 t 时期的产出和投入；β 为待估参数；V_{it} 是表示随机效应的变量，反映不可控因素对产出的影响，服从正态分布 $N(0, \sigma_v^2)$，并且独立于 U_{it}；无效率项 $U_{it} = U_i \exp[-\eta(t - T)]$。式中，$U_i$ 是非负的随机变量，反映生产过程中技术无效率对产出的影响，服从零点截断的正态分布 $N(\mu, \sigma_u^2)$。η 为待估参数，反映效率随时间变化的程度。$\eta = 0$ 时，说明无效率项不随时间的变化而变化，则技术效率不变；$\eta > 0$ 时，说明无效率项随时间的增加而减小，则技术效率在提高；$\eta < 0$ 时，说明无效率项随时间的增加而增加，则技术效率在降低。

Battese 和 Coelli（1995）进一步改进了模型，对无效率项 U_{it} 进行了分解，把前沿生产函数与技术效率的外生影响因素结合在一起：

$$Y_{it} = \beta X_{it} + (V_{it} - U_{it})$$
$$U_{it} = \delta z_{it} + W_{it}, \ i = 1, 2, \cdots, n, \ t = 1, 2, \cdots, T \tag{3.3}$$

其中：Y_{it}，X_{it}，β 的含义同上；V_{it} 是服从正态分布 $N(0, \sigma_v^2)$ 的随机变量，并且独立于 U_{it}；U_{it} 是非负随机变量，服从零点截断的正态分布 $N(m_{it}, \sigma_u^2)$，并且 $m_{it} = \delta z_{it}$，z_{it} 是可能会影响效率的因素；W_{it} 为随机误差项，服从正态分布 $N(0, \sigma_w^2)$；δ 为待估参数。

他们建议用 $\sigma^2 = \sigma_v^2 + \sigma_u^2$ 和 $\gamma = \sigma_u^2 / (\sigma_v^2 + \sigma_u^2)$ 取代 σ_v^2 和 σ_u^2，通过最大似然估计法可以计算出这两个值[1]。显然，参数 γ 必然在 0 到 1 之间，它表示回归方程随机扰动项中技术无效所占的比例，可作为判断模型设定是否合理的重要指标。γ 接近于 0 时，表明实际产出与可能的最大产出的差距主要来自不可控因素的影响，这时用普通最小二乘法（OLS）就可实现对参数的估计，没有必要采用随机前沿模型；γ 越接近于 1，说明前沿生产函数的误差主要来源于无效率项，采用随机前沿模型对生产函数进行估计也就越合适。

第 i 家企业 t 时期的技术效率可以表示为：

$$TE_{it} = \exp(-U_{it}) = \exp(-z_{it}\delta - W_{it}) \tag{3.4}$$

---

① 似然函数的具体形式和模型参数的推导过程参见 Battese 和 Coelli（1993）。

在现有的模型假设条件下，对技术效率的预测建立在条件期望基础上[①]。

此外，要进一步检验上述随机前沿生产函数模型中生产函数的形式和是否存在技术无效因素，可以设定相应的零假设，并利用广义似然比（LR）检验统计量进行检验。LR 统计量的计算公式为：

$$LR = -2[\ln(H_0)/\ln(H_1)]$$ (3.5)
$$= -2[\ln(H_0) - \ln(H_1)]$$

其中，$L(H_0)$ 和 $L(H_1)$ 分别表示零假设（H_0）和备择假设（H_1）下的对数似然函数值。在零假设成立的条件下，LR 统计检验量服从混合卡方分布，自由度为受约束变量的数目。如果统计检验量超过单边广义似然比检验的临界值，则拒绝零假设，否则接受零假设。各自由度下相应的单边似然比检验临界值在 Kodde 和 Palm（1986）的研究中已经详细给出[②]。

3.2.2 经验模型

在实证分析中，本章选取 Battese 和 Coelli（1995）发展的随机前沿模型对我国流通业技术效率及其影响因素进行研究。在建立具体的随机前沿生产函数模型时，首先要考虑到生产函数形式的选择问题。由于不同的生产函数形式往往代表不同的生产和技术类型[③]，采用不同生产函数会直接影响到估计的结果，因而在具体研究之前假定任何特定类型的生产函数都可能不合适。为此，一般先选用形式更加灵活、兼容性更强的生产函数，然后根据模型估计结果进行假设检验，以确定所选的生产函数是否合适。综合上述分析，本章以超越对数生产函数[④]作为前沿生产函数的形式，模型的具体形式如下：

$$\ln Y_{it} = \beta_0 + \beta_1 \ln K_{it} + \beta_2 \ln L_{it} + \beta_3 (\ln K_{it})^2 + \beta_4 (\ln L_{it})^2 + \beta_5 \ln K_{it} \ln L_{it} +$$ (3.6)
$$\beta_6 t \ln K_{it} + \beta_7 t \ln L_{it} + \beta_8 t + \beta_9 t^2 + V_{it} - U_{it}$$

其中：β_0 到 β_9 为待估参数；i 和 t 分别表示省份和时间；Y_{it}，K_{it}，L_{it} 分别表示 i 省在 t 时期的流通业产出、资本投入和劳动投入；t 为时间趋势；$V_{it} - U_{it}$ 为回归方程的随机扰动项。其中，V_{it} 反映 t 时期不可控因素对 i 省流通业产出的随机影

---

① 具体结果参见 Battese & Coelli（1993）。

② Kodde D, F. Palm. Wald Criteria for Jointly Equality and Inequality Restrictions [J]. Econometrica, 1986（54）：1243 – 1248.

③ 例如，采用柯布—道格拉斯生产函数（以下简称 C – D 生产函数）时，往往假定规模收益不变及技术进步为希克斯中性；采用不变常数替代弹性（CES）生产函数时，往往假定要素之间的替代弹性是不变的。

④ 超越对数生产函数（translog production function）的优点是允许要素之间的替代弹性是可变的，并且在形式上更具灵活性，能够更好地避免由函数形式误设带来的估计偏差。其缺点是会消耗更多的自由度，但由于本章收集的样本足够多，因而不会产生太大影响。

响，其服从对称的正态分布 $N(0, \sigma^2)$，并且独立于 U_{it}。U_{it} 反映在 t 时期生产技术无效性对 i 省的随机影响，其服从单侧正态分布 $N(m_{it}, \sigma_u^2)$。m_{it} 对应的函数即为技术无效函数，$e^{-m_{it}}$ 反映 i 省第 t 年的技术无效率水平，m_{it} 越大表明技术效率越低，或者说技术无效程度越高。

结合我国转型经济的背景和流通业的产业特征，市场化水平、从业人员受教育水平、基础设施状况、对外开放等因素都可能对流通业技术效率的提高产生重要影响。第一，转型经济理论认为，市场化进程的推进，不仅意味着在价格机制的调节引导下，资源配置更加合理，而且提供了更加有效的激励机制，从而促进了技术效率的提高。刘小玄和郑京海（1998）、姚洋（1998）、姚洋和章奇（2001）等在技术效率的分析中都强调了非国有产权的重要作用。诸多经验证据表明，我国从计划经济转向市场经济的改革，尤其是非国有经济的发展对经济增长和效率提升发挥了巨大作用，因此预期市场化对于流通业技术效率具有促进作用。第二，内生增长理论指出，人力资本的积累是经济增长的源泉。人力资本能够有效反映生产要素的使用效率，从而对技术效率产生影响。Wang 和 Yao（2001）、Maudos 等（2003）、傅晓霞和吴利学（2006）等都指出人力资本对地区产业技术效率有较大影响。由于就业人员教育水平的高低是衡量员工接受能力、技能、知识的重要指标，据此可以推断就业人员教育水平与技术效率存在相关关系。第三，新经济增长理论的代表 Romer（1986）和 Lucas（1988）的研究发现，基础设施对经济增长具有显著的外溢效应。王小鲁（2009）、胡鞍钢和刘生龙（2009）等的研究都强调了基础设施在经济增长中的作用。流通业作为具有规模经济和网络经济效应的基础性产业，其效率受网络设施状况的影响较大。良好的基础设施可以改善生产要素的使用效率，从而提高效率。此外，经济理论表明，对外开放对经济增长可能产生较大影响。对外贸易能够促进技术转移，加快国内技术效率的提升。外资带来先进技术和经营管理经验，通过示范效应、模仿效应、关联机制等产生技术外溢效应。姚洋（1998）、王小鲁（2000）、姚洋和章奇（2001）等都强调了外资的重要作用。流通业是我国较早对外资开放的领域，目前已经成为外商投资的主要领域。因此，可以预期外资的溢出效应对于我国流通业技术效率的提升具有重要作用。结合理论分析，构建如下技术无效方程：

$$m_{it} = \delta_o + \delta_1 \mathrm{edu}_{it} + \delta_2 \mathrm{mar}_{it} + \delta_3 \mathrm{tran}_{it} + \delta_4 \mathrm{trad}_{it} + \delta_5 \mathrm{fdi}_{it} + W_{it} \qquad (3.7)$$

其中：δ_0 到 δ_5 为待估参数，表示各因素对流通业技术效率的影响程度；edu_{it} 为人力资本，如果 δ_1 为负，说明人力资本对技术效率具有正向影响，若为正说明人力资本对技术效率的影响是负向的；mar_{it} 为市场化水平，如果 δ_2 为负，说明市场化对技术效率具有正向影响，反之则有负向影响；tran_{it} 为基础设施状况，如果

δ_3 为负，说明基础设施对技术效率具有正向影响，反之则有负向影响；$trad_{it}$ 为对外贸易情况，如果 δ_4 为负，说明外贸对技术效率具有正向影响，反之则有负向影响；fdi_{it} 为利用外资情况，如果 δ_5 为负，说明外资对技术效率具有正向影响，反之则有负向影响；W_{it} 是技术无效方程中的随机误差项，服从正态分布 $N(0,\sigma^2)$。

判断模型设定是否合理，主要看方程 3.6 的随机扰动项中技术无效所占的比例以及利用 LR 统计检验量检验各变量对技术效率没有影响这一零假设。判断技术无效所占比例即判断 $\gamma = \sigma_u^2/(\sigma_v^2 + \sigma_u^2)$ 中 γ 的大小，γ 越趋近于 1，说明前沿生产函数的误差主要来自技术无效率项，采用随机前沿模型对生产函数进行估计就越合适。

3.3 指标选取与数据说明

由于 1992 年第一次全国第三产业普查之后，我国服务业及其细分行业的数据统计工作才较为完善，相关统计数据才较为全面和连续，因此本章研究的时间区间设定为 1993—2008 年，选取"交通运输仓储和邮政通信业"与"批发零售住宿和餐饮业"作为流通业的研究范畴，样本包括除西藏以外的我国大陆所有省份。之所以未包括西藏自治区，主要是因为该地区数据缺失严重。此外，由于数据无法分拆，重庆被合并到四川省进行分析。这里，所需的数据有流通业产出、劳动投入、资本投入以及效率影响因素，下面对相关指标选取、数据来源及处理分别予以说明。

3.3.1 产出水平

一般而言，衡量经济体整体产出的指标是按可比价计算的国内生产总值。这里采用各省流通业增加值指标衡量流通业产出水平。由于长时期只重视物质产品生产和采用物质产品平衡表体系（MPS），服务业生产领域的统计没有得到足够重视，产出的低估和漏算问题非常严重。从原有的物质平衡表体系过渡到国民经济核算体系之后，中国曾经两次以普查年度 GDP 数据为基础，对 GDP 历史数据进行调整（许宪春，2006）。[①] 两次全国普查弥补了常规服务业统计的核算漏洞，获得了较为全面准确的服务业及其细分行业数据。因此，本章的实证分析将以调

[①] 在 1992 年第一次全国第三产业普查后，对 1978—1992 年 15 个年度 GDP 历史数据进行了第一次系统修订，调整的详细数据被收入 1998 年出版的《中国国内生产总值核算历史资料（1952—1996）》中。第二次历史数据的修订在 2004 年第一次全国经济普查后，对 1993—2003 年 11 个年度的历史数据进行了系统修订，调整的详细数据被收入 2007 年出版的《中国国内生产总值核算历史资料（1952—2004）》中。两次修订的焦点都是服务业的核算问题。

整后的统计数据为基础。1993—2004 年流通业增加值数据取自《中国国内生产总值核算历史资料（1952—2004）》，2005—2008 年数据取自《中国统计年鉴（2006—2009）》。此外，为了保证数据的可比性，以 1993 年为基期，用以不变价格计算的第三产业增加值指数对基础数据进行平减，从而得到以 1993 年不变价格计算的流通业增加值。

3.3.2 劳动投入

就劳动投入而言，理想的指标应该考虑到数量和质量等方面。市场经济条件下，劳动者报酬能够合理反映劳动投入量的变化。但由于我国正处于经济转轨时期，收入分配体制不尽合理且市场调节机制不够完善，使得劳动收入难以准确反映劳动投入的变化，而且我国目前也缺乏这方面的统计数据。从劳动投入量来看，总劳动时间比劳动者人数更为精确可靠。但由于我国统计数据并没有劳动时数的统计，因此，多数研究采用从业人员数作为劳动投入量。本章也采用各地区流通业年底从业人员数作为劳动投入量指标，数据取自历年《中国统计年鉴》。由于《中国统计年鉴》（2004—2009）中没有提供 2003—2008 年各地区分行业从业人员数据，这里的处理方法是：用 2002 年各地区流通业占第三产业就业人数的比重乘以 2003—2008 年各地区第三产业年底就业人数来折算。

3.3.3 资本投入

生产过程中的资本投入量一般用资本存量来度量。资本存量是在一定时点下安装在生产单位中资本资产的数量，主要是就固定资产而言的。资本存量是重要的宏观经济变量之一，在利用总量数据实证分析经济增长、地区发展以及收入差距的研究中，通常都要涉及资本存量。本章采用各省区流通业资本存量表示资本投入。然而，我国没有关于资本存量的统计数据，需要根据有关资本形成以及固定资产投资的数据推算而得到。资本存量的估算是一项较为复杂的工作，估算方法的选择和指标选取上的不同，都可能导致估算结果的差异。目前国际上普遍采用的资本存量估算方法是戈登史密斯（Goldsmith）于 1951 年开创的永续盘存法，这里也采用永续盘存法作为资本存量的测算方法，该方法定义当年资本存量为上一年净资本存量（总资本存量减去资本折旧）加上当年投资。计算公式为：

$$K_{it} = K_{it-1}(1 - \delta) + I_{it} \tag{3.8}$$

其中：K_{it} 是第 i 省第 t 年的资本存量；K_{it-1} 是第 i 省第 $t-1$ 年的资本存量；I_{it} 是第 i 省第 t 年的投资；δ 是折旧率。因此，按照该方法，我国各省流通业资本存量的估算需要以下基础数据：基年资本存量、当年投资、资本折旧率以及固定资产价格指数。具体的选择与处理方式如下。

（1）基年资本存量的确定。关于固定资本存量数据，统计年鉴上没有公布，很多学者都采取推算的方法。张军和章元（2003）估计时采用了生产性积累数据，并且假设1993年之后生产性积累的增速和固定资产投资的增速相同，从而估计出1993年后的生产性积累数据。黄勇峰等（2002）使用了分行业、分类型的固定资产投资数据。李江帆（2005）则用固定资产原值这一指标。本章也采用固定资产原值作为资本存量。1993年我国进行了全国和各省市第三产业普查并发布了首次全国第三产业普查数据公报，据此可以得到1992年全国分地区流通业资本存量，然后再通过1993年流通业固定资产投资、固定资产价格指数和折旧率得到1993年的资本存量。

（2）资本折旧率。在资本存量估算方面，张军和章元（2003）运用了生产性积累数据，因而回避了折旧问题。李治国和唐国兴（2003）使用了国民收入核算公式"折旧额 = GDP − 国民收入 + 补贴 − 间接税"计算折旧额。在资本折旧的处理上，更多的研究采用折旧率方法。黄勇峰等（2002）在相对效率几何下降的基础上估计出设备的折旧率为17%，建筑的折旧率为8%；Young（2000）假定各省非农产业的折旧率为6%；宋海岩等（2003）则假定各省每年的折旧率为全国折旧率加上该省当年的经济增长率；王小鲁（2000）、Wang和Yao（2001）均假定折旧率为5%。由于我国法定残值率是3%～5%，且现有文献一般选择折旧率为5%，因此本章也选取折旧率为5%。

（3）当年投资的选择。对于当年投资的计算，也存在一定的差异。张军和章元（2003）采用了积累的概念及其相应的统计口径，积累是在物质产品平衡体系（MPS）下核算国民收入时度量投资的指标。但是从1993年起，新的联合国国民经济核算体系（SNA）不再公布积累数据，也没有相应的价格指数，所以这一方法已不再适用。王小鲁（2000）采用全社会固定资本投资数据作为当年投资的指标。而张军等（2004）认为，固定资本形成总额是当年投资的重要指标。《中国国内生产总值核算历史资料》中提供了分省份产业的固定资本形成总额数据，可惜缺乏第三产业细分行业的数据。因此，本章中的当年投资采用固定资本投资这一指标来衡量，数据来源于历年《中国固定资产投资统计年鉴》和各省市统计年鉴。

（4）固定资产价格指数。关于固定资产投资价格指数，我国统计年鉴从1992年开始公布，而对于此前的数据，现有研究或者采用其他指数来代替，或者采用一定的方法进行估算。宋海岩等（2003）用全国建筑材料价格指数来代替。李治国和唐国兴（2003）的处理方法是将1991年后的全国固定资产投资价格指数中关于上海市固定资产投资价格指数进行线性回归，从而拟合出全国固定资产投资价格指数序列。张军和章元（2003）则直接使用上海市的固定资产价格指数来代替全国固定资产价格指数。张军等（2004）计算出了各省的固定资本价格指数。由于 1991 年以后我国开始公布固定资产价格指数，可以很方便得到，因此，本章研究中各省区固定资产价格指数直接采用《新中国六十年统计资料汇编》中各省的固定资产价格指数，并折算成以 1993 年为基期的固定资产价格指数。

3.3.4 影响因素

（1）人力资本。人力资本指标用各省就业人口的平均受教育年限表示，具体计算方法以各省就业人口中受教育程度构成的百分比为权重，对受教育年限进行加权平均。受教育年限则根据受教育程度进行确定：不识字或识字很少为 0 年、小学为 6 年、初中为 9 年、高中为 12 年、大专以上为 16 年。数据来源于《中国统计年鉴》（1997—2008），并根据 1996—2000 年各省份受教育程度人口比例的平均增加值和 1996 年的数据推算得到 1993—1995 年的数据。

（2）市场化水平。樊纲和王小鲁从 2000 年起陆续编制发布了中国逐年份省份的市场化指数，他们从政府与市场的关系、非国有经济的发展、产品市场的发育、要素市场的发育、市场中介组织和法律制度环境五个方面评价我国各省市的市场化进程，但可惜缺乏更早的数据。对此，一般采用非国有经济占工业总产值的比重近似替代，这个指标有一定的合理性，但这里存在统计口径不同的问题（1998 年以后不再统计 500 万元销售额以下的小企业）。因此，在本章的研究中，以非国有经济单位职工人数在职工总数中的比重作为市场化程度的近似替代指标，数据来源于《中国统计年鉴（1994—2008）》。

（3）基础设施。采用人均运输线路长度作为测度各地区基础设施状况的变量，数据来源于《中国统计年鉴》（1994—2008）。

（4）对外贸易。对外贸易指标用进出口占 GDP 的比重表示，进出口为进出口贸易总额，按当年平均汇率折算成人民币，数据来源于《新中国六十年统计资料汇编》。

（5）利用外资。利用外资指标用外商直接投资占 GDP 的比重表示，外商直接投资为实际利用外商直接投资额，按当年平均汇率折算成人民币，数据来源于《新中国六十年统计资料汇编》。

3.4 流通业技术效率的实证结果分析

3.4.1 生产函数及技术无效函数估计结果

利用 Frontier 4.1 软件对随机前沿生产函数和技术无效方程进行联合估计，

估计结果见表 3.1。在模型中，γ 值为 0.482 9，并且在 1% 的水平上通过显著性检验，表明前沿生产函数的误差项具有一定的复合结构，复合误差项中的 48.29% 来源于技术非效率项，用随机前沿模型对生产函数进行拟合是较为合适的。大多数参数的估计结果都比较显著，模型拟合效果比较理想。单边广义似然比检验的结果拒绝了不存在技术无效项的假设，表明技术效率对各省份的流通业增长具有显著影响。因此，模型设定较为合理可靠。下面对照具体的结果，对我国流通业技术效率及其影响因素进行详细分析。

表 3.1　1993—2008 年我国流通业随机前沿函数及技术无效函数估计结果

前沿生产函数	参数	估计系数	t 检验值	技术无效函数	参数	估计系数	t 检验值
常数项	β_0	- 2.505 6***	- 5.110 6	常数项	δ_0	0.825 8***	6.934 7
$\ln K_{it}$	β_1	1.903 2***	5.045 4	edu_{it}	δ_1	- 0.041 5***	- 2.299 9
$\ln L_{it}$	β_2	- 0.201 5	- 0.658 4	mar_{it}	δ_2	- 0.001 7**	- 1.787 4
$(\ln K_{it})^2$	β_3	- 0.100 2*	- 1.538 7	$tran_{it}$	δ_3	- 0.000 4	- 0.317 4
$(\ln L_{it})^2$	β_4	0.093 8*	1.465 1	$trad_{it}$	δ_4	- 0.005 2***	- 3.886 6
$\ln K_{it} \ln L_{it}$	β_5	- 0.046 4	- 0.409 4	fdi_{it}	δ_5	- 0.028 0***	- 4.739 4
$t\ln K_{it}$	β_6	0.051 8***	4.005 6	δ^2		0.033 9***	12.085 4
$t\ln L_{it}$	β_7	- 0.017 9*	- 1.518 5	γ		0.482 9***	7.237 9
t	β_8	0.004 8***	3.954 5	log 函数值		155.876 2	
t^2	β_9	- 0.006 7***	- 6.551 3	LR 值		181.129 2	

注：＊＊＊，＊＊，＊分别表示变量在1%，5%和10%的水平上显著；LR 检验值服从混合卡方分布；技术无效函数中的负号表示变量对流通业技术效率有正向影响，反之则有负向影响。

在前沿生产函数中，资本的系数为 1.903 2，并且通过 1% 的显著性检验，劳动对产出的影响并不显著，反映了在这段时间内我国流通业的发展主要依靠资本推动的事实。资本投入的平方项为负，说明增加资本反而使产出减少；劳动投入的平方项为正，说明增加劳动使产出增加。资本和劳动的交叉项系数为负，但并不显著。时间和资本的交叉项系数为正，且在 1% 的水平下显著，表明技术进步通过促进资本的有效利用从而推动流通业增长。而时间和劳动交叉项系数为负，说明随着技术进步，增加劳动投入不会明显促进流通业增长。时间和时间平方项的系数分别为 0.004 8 和 - 0.006 7，表示随着时间的演进，技术进步以年均 0.48% 的速度上升，但上升的速度会逐渐下降。这与顾乃华（2005）、张自然（2010）等对于服务业的研究结论较为相似。我国流通业前沿技术进步以递减的速度上升，可能的原因在于，一方面流通业本身技术水平和创新能力不强，另一方面对国外先进技术的吸收借鉴能力较弱，导致技术进步缓慢且上升的速度趋于下降。

在技术无效函数中，与理论预期相同，市场化程度、人力资本、基础设施、对外贸易以及利用外资的系数均为负，表明它们与技术无效程度负相关。人力资本的系数为 -0.041 5，意味着在其他条件不变的情况下，流通业就业人员平均受教育年限每增加 1 年，将促使技术效率提高 4.15%，可见人力资本对我国流通业技术效率具有显著的正向影响。市场化程度的系数为 -0.001 7，意味着市场化水平每提高 1 个单位，在其他条件不变的情况下，大约会促使流通业技术效率提高 0.17%，说明我国的体制改革确实起到了增进流通业技术效率、促进流通业增长的作用。对外贸易和外商直接投资的系数分别是 -0.005 2 和 -0.028，并且在 1% 的水平上显著，说明在其他条件不变的情况下，外贸和外资占 GDP 的比重每提高 1 个单位，会分别促进流通业技术效率提高 0.52% 和 2.8%。对外贸易能够促进先进技术设备的转移，外资的引入有利于国内流通企业学习国外先进技术和经营管理经验。这里的估计结果还表明，外资相对于外贸发挥了更大的效率提升作用。地区基础设施的系数并不显著，可能是因为长期以来我国流通业基础设施建设一直缺乏统一的规划布局以及有效的资金投入，造成流通设施建设相对滞后，还没有对流通业的发展和效率提升发挥明显作用。随着今后国家对流通业的日渐重视和流通基础设施建设的加快，预计基础设施对技术效率的提高将产生显著影响。

3.4.2 技术效率估计结果

下面根据上述模型提供的各省市历年技术效率的具体结果，对我国流通业技术效率做进一步分析。表 3.2 列出了 1993—2008 年我国流通业总体以及东、中、西①三大地区技术效率的估计结果。可以看出，就全国总体而言，我国流通业技术效率总体水平偏低，1993—2008 年平均技术效率为 0.764 9。结合顾乃华（2005）、张自然（2010）等的研究可以看出，流通业与其他服务部门一样，技术效率还处于较低水平，远远未能挖掘出现有资源和技术的利用潜力，对前沿技术的利用程度不高，因此，技术效率还有较大的提升空间。从变化趋势看，我国流通业技术效率总体呈现上升趋势，1993 年流通业平均技术效率为 0.739 8，2008 年上升到 0.812 2，上升幅度为 0.072 4，且年际变化存在一定的差异：2000 年以前，技术效率的波动性较强，效率提升并不显著；2000 年之后，技术效率的增加幅度有稳步提高的趋势，效率提升非常明显。由此可见，我国市场化改革

---

① 东部地区包括北京、天津、河北、辽宁、上海、江苏、浙江、福建、山东、广东和海南 11 个省（市）；中部地区包括山西、吉林、黑龙江、安徽、江西、河南、湖北和湖南 8 个省；西部地区包括内蒙古、广西、四川（含重庆）、贵州、云南、陕西、甘肃、青海、宁夏和新疆 10 个省（区）。

的不断深入，人力资本的不断积累，流通业对外开放的不断扩大，这些都大大促进了企业在既有技术条件下充分提高资源的利用效率和生产能力，从而使实际产出不断逼近可能的最大产出。

表 3.2　我国流通业技术效率估计结果（1993—2008）

年份	全国平均	东部平均	中部平均	西部平均
1993	0.739 8	0.883 8	0.637 1	0.663 6
1994	0.751 5	0.900 8	0.652 3	0.666 7
1995	0.751 2	0.901 2	0.644 1	0.671 8
1996	0.751 6	0.894 5	0.651 9	0.674 3
1997	0.755 7	0.894 7	0.665 0	0.675 2
1998	0.749 0	0.888 6	0.663 0	0.664 1
1999	0.742 4	0.876 0	0.660 2	0.661 4
2000	0.746 6	0.880 3	0.677 6	0.654 8
2001	0.753 4	0.887 8	0.693 3	0.653 7
2002	0.760 2	0.892 2	0.705 3	0.658 9
2003	0.776 0	0.906 4	0.727 4	0.671 4
2004	0.789 8	0.919 4	0.740 5	0.686 8
2005	0.774 3	0.910 5	0.725 7	0.663 3
2006	0.784 8	0.919 7	0.738 6	0.673 4
2007	0.800 3	0.926 0	0.762 9	0.692 0
2008	0.812 2	0.927 5	0.780 6	0.710 7
平均	0.764 9	0.900 6	0.695 3	0.671 4

注：数据来源于随机前沿模型（SFA）的估计结果，全国流通业技术效率平均值为各省市技术效率值的算术平均数，三大地区技术效率平均值也是相应省份技术效率值的算术平均数。

从三大地区来看，同我国经济发展水平相一致，东部地区的技术效率显著高于中西部地区，区域间存在着显著的不平衡。东部地区平均技术效率为 0.900 6，中、西部分别为 0.695 3 和 0.671 4。东部地区的技术效率之所以居于三大地区之首，关键在于长期以来该地区凭借良好的区位优势，大力推进市场化改革，吸引大量高素质人才，加强和完善基础设施建设以及开放区域市场引进外资和国外先进技术，从而技术效率始终处于较高水平。而中西部地区在制度环境、人才队伍、基础设施以及对外开放等方面与东部地区相比都有一定的差距，因此，技术效率也远远落后于东部地区。从变化情况看，1993—2008 年东、中、西三大地区的平均技术效率均呈现波动性上升趋势，其中东部地区从 0.883 8 上升到 0.927 5，中部地区技术效率从 0.637 1 上升到 0.780 6，西部地区则从 0.663 6 上升到 0.710 7。中部地区的技术效率提升最快，西部仅次于中部地区，东部地区技术效率提升最慢。由于中西部地区技术效率提升明显，从而东部与中、西部地区流通业技术效率相对差距有所缩小。中西部技术效率变化之所以高于东部地区，可能的原因是落后地区在追赶发达地区上有更大的潜力，因为落后地区的技术吸收能力（如市场化程度、人力资本水平、基础设施建设、对外开放水平等）在此期间都得到了很大提高，这显然有助于它们充分利用现有生产技术，促进技术效率的改善和提高。同时这也表明，我国流通业技术效率存在一定的收敛性，即流通业技术效率低的地区的技术效率变化要高于技术效率高的地区。

表 3.3 提供了 1993—2008 年各地区流通业技术效率的平均值[①]。就各省份而言，广东的技术效率最高，为 0.972 6；贵州的技术效率最低，为 0.580 5。各省市流通业平均技术效率值在 0.580 5 至 0.972 6 之间。东部地区集中了全国技术效率的前八位，分别是广东、上海、北京、天津、江苏、福建、辽宁、海南，其中广东、上海、北京、天津、江苏、福建的平均技术效率更是超过了 0.9，分别达到 0.972 6，0.971 2，0.964 1，0.961 5，0.944 7，0.917。即使处于东部较低水平的浙江、山东也分别达到了 0.837 和 0.839 4。河北省平均技术效率只有 0.703 5，是东部效率最低的省份。中部地区的吉林、黑龙江、安徽技术效率相对较高，分别为 0.785 3，0.717 3 和 0.713 9，但也远远低于东部绝大多数省市（除河北省），而河南、湖南、江西这三个省份的平均技术效率分别只有 0.622，0.643 6 和 0.688 8，其余省份的效率值也不高。西部地区除内蒙古和广西外，其余省（区）的技术效率都很低，其中贵州、青海位于全国倒数后两位，技术效率分别只有 0.580 5 和 0.623 8。由此可见，各省份之间技术效率的差异较为明显，并且技术效率较高的省份主要集中在东部地区，技术效率较低的省份主要集中在中西部地区。可见，我国流通业技术效率区域发展不平衡现象严重。

表 3.3　各地区流通业平均技术效率（1993—2008）

地区	技术效率	地区	技术效率	地区	技术效率
北京	0.964 1	东部	0.900 6	广西	0.757 4
天津	0.961 5	山西	0.695 9	四川	0.675 4

---

① 由于篇幅所限，在此不再列出 1993—2008 年各省流通业技术效率的逐年估计结果。

地区	技术效率	地区	技术效率	地区	技术效率
河北	0.703 5	吉林	0.785 3	贵州	0.580 5
辽宁	0.898 6	黑龙江	0.717 3	云南	0.624 2
上海	0.971 2	安徽	0.713 9	陕西	0.656 2
江苏	0.944 7	江西	0.688 8	甘肃	0.645 8
浙江	0.837 0	河南	0.622 0	青海	0.623 8
福建	0.917 0	湖北	0.696 0	宁夏	0.645 4
山东	0.839 4	湖南	0.643 6	新疆	0.663 1
广东	0.972 6	中部	0.695 3	西部	0.671 4
海南	0.896 7	内蒙古	0.842 0	全国	0.764 9

注：根据随机前沿模型（SFA）的估计结果整理计算，各地区流通业平均技术效率值为相应省份历年技术效率值的算数平均数。

3.5　本章结论和启示

本章利用超越对数生产函数的随机前沿模型，使用 1993—2008 年省际面板数据，分析了我国流通业技术效率变化状况，并检验了技术效率的影响因素。实证分析结果如下。

（1）我国流通业技术效率总体水平偏低，1993—2008 年流通业平均技术效率为 0.764 9。结合其他学者对于服务业的相关研究，可以发现流通业和其他服务部门一样，还远远没有挖掘出其现有资源和技术的潜力，对前沿技术的利用程度不高，因此，技术效率的提升还有较大的空间。从变化趋势看，流通业技术效率总体上呈现逐渐上升趋势，平均技术效率从 1993 年的 0.739 8 上升到 2008 年的 0.812 2，但年际的变化存在一定的差异。

（2）流通业技术效率存在显著的区域差异。从三大地区看，东部地区平均技术效率为 0.900 6，中部为 0.695 3，西部为 0.671 4，东部地区技术效率明显高于中、西部地区。从各省份看，各省市流通业平均技术效率值在 0.580 5 至 0.972 6 之间，省际技术效率差异明显，并且技术效率较高的省份主要集中在东部地区，技术效率较低的省份主要集中在中、西部地区。无论是三大地区之间，还是各省份之间，技术效率的区域差异都非常明显。

（3）人力资本、市场化程度、对外开放程度是影响我国流通业技术效率的重要因素。流通业从业人员平均受教育年限每增加 1 年，将促使技术效率提高

4.15%。市场化水平每提高 1 个单位,大约会促使流通业技术效率提高 0.17%。外资和外贸占 GDP 的比重每提高 1 个单位,会分别促进流通业技术效率提高 0.52% 和 2.8%。

根据上述分析结果,从效率角度看,今后我国流通业进一步增长的空间和潜力还比较大,其中一个重要方面就是要努力提高流通业的技术效率。为此,应该做好以下几方面的工作:第一,强化各地区的市场化程度,建设全方位、统一开放的市场和流通体系,重点解决所有制、政企不分、行政垄断、地区保护等问题。进一步深化国有流通企业改革,推进产权多元化;打破行业垄断和地区封锁,消除各种形式的地方保护和区域壁垒,形成大区域、大市场、大流通。通过体制改革和激励机制的完善,努力消除各种造成效率损失的障碍,促进现有资源的优化配置,前沿技术的推广和扩散,提高技术效率水平。第二,重视人力资本投资,提高流通业从业人员素质。坚持以市场需求为导向,整合社会资源,充分发挥高等院校、科研机构、行业协会、企业内部以及社会培训机构等各方面的作用,加大对现代流通人才的教育和培训;制定吸引现代流通人才的有关政策,建立畅通的人才流动渠道,促进掌握现代经营管理和流通技术的高素质、复合型人才的发展和成长。第三,加大流通业对外开放,引进先进技术和经营管理经验。进一步扩大开放,加强国内市场与国际市场的对接,在开放中有效利用国外资源和技术;大力引进国际先进的流通技术和经营理念,注重对新技术的吸收应用能力;加强国内流通企业利用外资进行改组改造,改善经营机制,提高经营效率;引导外商投资的区域分布,鼓励和推动外资投向中西部地区,提高中西部地区对外开放水平。通过对外开放,促进技术转移和效率提升。此外,考虑到基础设施对流通业技术效率的作用还不显著,今后,要进一步加强流通基础设施建设,大力发展高效率、合理布局的交通运输基础设施建设,重点加强对中心城市、交通枢纽、物资集散地和口岸地区大型物流基础设施的建设,同时兼顾短期运作和长远发展的需要,对现有资源进行有效整合和科学配置,防止重复建设。

4 我国流通业的全要素生产率增长及其收敛性

4.1 引言和相关文献述评

经济增长理论表明，决定一个国家或地区长期经济增长的关键是全要素生产率（TFP）的提高。全要素生产率衡量生产单位将投入转化为产出的效率，集中体现了其技术创新能力、资源利用效率、成本控制以及竞争能力等多方面的特征。相对于劳动生产率、资本生产率等单要素生产率，全要素生产率更能从整体上反映经济体的生产率状况。从 1993 年国务院《关于加快发展第三产业的决定》把流通业列为重点发展产业之一，到 2005 年国务院《关于促进流通业发展的若干意见》中明确今后我国流通业发展的指导思想和主要任务，2007 年出台的《关于加快发展服务业的若干意见》中提出优先发展现代物流业、改造传统商贸流通业，2008 年《关于搞活流通扩大消费的意见》提出加大投入力度、支持流通业发展，再到 2012 年《国务院关于深化流通体制改革加快流通产业发展的意见》中进一步明确新形势下加快流通业的改革发展，一系列的政策措施充分体现了国家对流通业发展的高度重视。那么，当前我国流通业的增长水平到底如何？流通业生产率增长的来源是什么？技术效率、技术进步在转型期中国流通业增长过程中究竟扮演了怎样的角色？本章试图回答上述问题，探求流通业生产率增长的源泉，从而为国家和地区流通业规划及管理提供政策参考。

目前，关于我国全要素生产率的研究主要集中在三个方面：一是国民经济整体层面（Chow，2002；Young，2003；张军和施少华，2003；孙琳琳和任若恩，2005；郭庆旺和贾俊雪，2005）；二是地区层面（Fleisher 等，1997；颜鹏飞和王兵，2004；郑京海和胡鞍钢，2005；王志刚和龚六堂，2006）；三是产业层面，有农业部门 TFP 的研究（Kalirajan 等，1996；Lambert 和 Parker，1998；顾海和孟令杰，2002；乔榛等，2006）、工业部门 TFP 的研究（Jefferson 等，1996；郑京海等，2002；朱钟棣和李小平，2005；原鹏飞，2005；谢千里等，2008）。就服务业而言，徐宏毅和欧阳明德（2004）、顾乃华（2005，2008）、杨向阳和徐翔（2006）、刘兴凯和张诚（2010）等测算了我国服务业的全要素生产率，研究了服务业整体的生产率问题。研究表明，我国服务业的增长主要由要素投入推动，全要素生产率的贡献微弱；而技术进步水平的提高是全要素生产率增长的主要因素。从空间分布看，区域间的效率差距明显并在不断扩大。近年来一些研究开始关注服务业内部细分行业的生产率问题。张自然（2008）、原毅军等（2009）、陈艳莹和黄 y（2011）考察了我国生产性服务业生产率的变化原因、地区差异与变动趋势。研究结果表明，技术进步对 TFP 增长起主要作用，技术效率则对 TFP 增长起着补充作用，东、中、西部地区的全要素生产率及增长很不平衡，全要素生产率对生产性服务业的作用还有待进一步提高。田刚和李南（2009）对我国物流业全要素生产率的增长来源、差异与变化趋势进行了实证分析。结果表明，各地区物流业全要素生产率呈增长态势，全要素生产率增长的主要动力是技术进步，技术效率的恶化阻碍了生产率的增长，东、中、西部区域之间全要素生产率存在显著差异。

通过对已有文献的总结和回顾，可以发现产业层面全要素生产率的研究主要集中于工业、农业、服务业整体层面，而对服务业细分行业全要素生产率的研究还比较少，尤其是流通业 TFP 的研究方面，还基本上处于空白。为了弥补这一不足，本章尝试以 1993—2008 年我国省际面板数据为基础，采用基于数据包络分析（DEA）的 Malmquist 指数方法研究流通业的全要素生产率，分析其时序演变和区域分布特点，并在此基础上检验区域流通业 TFP 增长的收敛性。本章的研究对于认识我国流通业 TFP 变化的历史轨迹、探究地区间流通业发展不平衡的原因以及动态演变趋势、促进地区间流通业的协调发展具有重要的现实意义，而且对于通过流通业全要素生产率的提高促进流通业发展方式转变也具有一定的理论意义。本章的结构安排如下：4.2 节是研究方法，对流通业全要素生产率的测算方法予以介绍；4.3 节对指标选取、数据的来源与处理做出说明；4.4 节是流通业全要素生产率增长的实证检验结果分析，分别从全国和地区两个层面对流通业全要素生产率增长状况予以分析；4.5 节运用收敛理论，对流通业全要素生产率增长的收敛性进行分析检验；4.6 节是研究结论和政策建议。

4.2 测算流通业全要素生产率的方法

对于全要素生产率的估算，早期主要采用索罗余值法，它将全要素生产率定义为产出增长中除去资本和劳动增长所剩余的部分。索洛余值法假定所有生产者在技术上都是充分有效的，这一假定使得该方法在运用时有一定的局限性；而近年来的前沿技术分析方法允许生产者存在技术无效率，因而被越来越多地采用。目前，在实证分析中普遍采用的是 Fare，Grosskopf，Norris 和 Zhang（1994）构建的基于 DEA 的 Malmquist 指数方法。与全要素生产率的其他测算方法相比，

Malmquist 生产率指数的优点主要有以下几点：第一，不需要相关的价格信息；第二，不需要特定的行为假设；第三，便于计算全要素生产率的变化；第四，可以用来处理面板数据，并将经济体的全要素生产率 Malmquist 指数分解为技术进步、技术效率、纯技术效率和规模效率的变化。因此，本章采用由 Fare 等 (1994) 构建的基于 DEA 的 Malmquist 指数方法对我国流通业全要素生产率进行测度。

4.2.1 距离函数

距离函数（Distance Function）是 Malmquist 生产率指数建立的基础。Malmquist（1953）相对于无差异曲线的径向移动幅度，提出了距离函数的概念。此后，Shephard（1970）在生产函数的基础上，定义了基于生产函数的距离函数，这一定义随后得到了广泛应用。距离函数允许在无须对生产者行为（如成本最小化或者利润最大化）进行任何假定的前提下，描述多投入多产出的生产技术。距离函数表示生产单元离最优生产状态（即生产前沿）的距离，它分为投入距离函数和产出距离函数两类。投入距离函数描述的是在给定产出向量下，投入向量能够向生产前沿面缩减的程度，以此来刻画生产技术的特征。而产出距离函数描述的是在给定投入向量下，产出向量的最大扩张幅度。

下面给出产出距离函数的具体定义。假设向量 x 和向量 y 分别表示一个 n 维投入向量和一个 m 维产出向量，这些向量的元素都是非负实数。于是，可以用技术集 S 来描述多投入多产出生产技术，这个集合由所有可行的投入产出向量 (x, y) 组成，使得 x 能生产出 y，即

$$S = \{(x,y):x \text{ 能生产出 } y\} \tag{4.1}$$

通过集合 S 定义的生产技术，可以等价地用产出集 $P(x)$ 来定义，它表示使用投入向量 x 所能生产的所有产出向量 y 的集合。产出集是与各种不同投入向量 x 相对应的生产可能性集（production possibility set），它可被定义为：

$$P(x) = \{y:x \text{ 能生产出 } y\} = \{y:(x,y) \in S\} \tag{4.2}$$

对于任意的投入向量 x，产出集 $P(x)$ 具有如下性质：① $0 \in P(x)$：对于给定的投入集，产出可以为零（即不生产是可能的）；②非零产出水平不可能由零水平的投入生产出来；③ $P(x)$ 满足产出的强可处置性，即如果 $y \in P(x)$ 且 $y^* \leqslant y$，那么 $y^* \in P(x)$；④ $P(x)$ 满足投入的强可处置性，即如果 y 能由 x 生产，那么 y 能由任意 $x^* \geqslant x$ 生产；⑤ $P(x)$ 是凸的有界闭集。

定义于产出集 $P(x)$ 上的产出距离函数可以表示为：

$$D_0(x,y) = \min\{\delta:(y/\delta) \in P(x)\} \tag{4.3}$$

从生产可能性集所具有的性质，可以得到产出距离函数具有如下性质：①对于所有非负的 x，$D_0(x,0) = 0$；② $D_0(x,y)$ 关于 y 非递减，关于 x 非递增；

③ $D_0(x,y)$ 关于 y 是线性齐次的；④ $D_0(x,y)$ 关于 x 是拟凸的，关于 y 是凸的；⑤如果 y 属于 x 的生产可能性集，即 $y \in P(x)$，那么 $D_0(x,y) \leq 1$；⑥如果 y 属于生产可能性集（x 的生产可能性曲线）的"前沿"，距离函数等于单位值，即 $D_0(x,y) = 1$。

考虑有两种产出的情况，产出距离函数可以用图 4.1 表示。曲线 $PPC - P(x)$ 表示生产可能性边界，对于用给定投入向量 x 生产出两种产出 y_1 和 y_2，生产可能性集 $P(x)$ 是由生产可能性前沿以及 y_1 和 y_2 轴所围成的区域。对于生产单元来说，使用投入水平 x，生产两种产出（y_{1A}, y_{2A}）距离函数的值，记为 A 点，等于比率 $\delta = OA/OB$，即 $D_0(x, y_A) = OA/OB$。它等于给定投入水平在保持可行

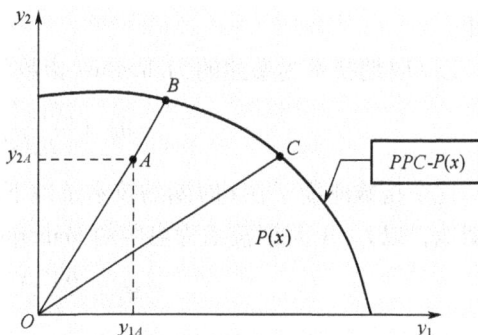

图 4.1 产出距离函数

生产可能性集所能扩大的产出量倍数的倒数。而由 $PPC - P（x）$ 所表示的生产可能性前沿面上的点 B 和 C，由于其产出可扩大的倍数为 1，因此其距离函数值等于 1，即 $D_0(x, y_B) = 1$，$D_0(x, y_C) = 1$。

4.2.2 Malmquist 指数

为了定义产出导向的测量全要素生产率变化的 Malmquist 指数，假设在 $t = 1, 2, \cdots, T$ 的每一时期，生产技术 S^t 将要素投入 $x^t (x^t \in R_+^N)$ 转化为产出 $y^t (y^t \in R_+^M)$，该生产技术可以表示为：

$$S^t = \{(x^t, y^t) : x^t \text{ 可以生产 } y^t\} \tag{4.4}$$

S^t 为生产可能性集合，是所有可行的投入产出向量的集合，其中每一给定投入下的最大产出子集为生产技术的前沿。由于在多产出情形下，可能无法得到产出距离函数的最小值，这时可以使用"下确界"（infimum）来代替最小值，此时，相对于生产技术前沿，t 时期的产出距离函数可以表示为：

$$D_0^t(x^t, y^t) = \inf\{\theta : (x^t, y^t) \in S^t\}$$
$$= (\sup\{\theta : (x^t, y^t) \in S^t\})^{-1} \tag{4.5}$$

这个函数定义了在给定投入 x^t 时产出向量 y^t 最大比例扩张的倒数。对于 $(x^t, y^t) \in S^t$，$D_0^t(x^t, y^t) \leq 1$。当且仅当 (x^t, y^t) 位于生产技术前沿边界时，$D_0^t(x^t, y^t) = 1$，这种情况下生产是最有效率的，也就是在给定投入下实现了最大产出。为了

定义 Malmquist 指数，还需要定义一个含有两个不同时期的距离函数：

$$D_0^t(x^{t+1}, y^{t+1}) = \inf\{\theta : (x^{t+1}, y^{t+1})/\theta\} \in S^t \tag{4.6}$$

这个函数给出了在 t 时期的技术水平下，给定 $t + 1$ 时期可行的投入产出 (x^{t+1}, y^{t+1}) 的最大比例变化。同样，可以定义类似的距离函数 $D_0^{t+1}(x^t, y^t)$，它给出了在 $t + 1$ 时期的技术水平下，给定 t 时期可行的投入产出 (x^t, y^t) 的最大比例变化。

以 t 时期技术为参照的 Malmquist 指数就可以表示为：

$$M_0 = \frac{D_0^t(x^{t+1}, y^{t+1})}{D_0^t(x^t, y^t)} \tag{4.7}$$

这个指数测度了在 t 时期的技术条件下，从 t 到 $t + 1$ 时期技术效率的变化。类似地，以 $t + 1$ 时期技术为参照的 Malmquist 指数可以表示为：

$$M_0 = \frac{D_0^{t+1}(x^{t+1}, y^{t+1})}{D_0^{t+1}(x^t, y^t)} \tag{4.8}$$

因此，以不同时期作为参照，可以定义不同的 Malmquist 指数。为了避免时期选择的随意性可能导致的差异，用上述两个 Malmquist 指数的几何平均值作为产出导向的全要素生产率指数。该指数大于 1 时，表明从 t 时期到 $t + 1$ 时期全要素生产率是增长的：

$$M_0(x^{t+1}, y^{t+1}, x^t, y^t) = \left[\left(\frac{D_0^t(x^{t+1}, y^{t+1})}{D_0^t(x^t, y^t)} \right) \left(\frac{D_0^{t+1}(x^{t+1}, y^{t+1})}{D_0^{t+1}(x^t, y^t)} \right) \right]^{1/2} \tag{4.9}$$

上式可以变换为：

$$M_0(x^{t+1}, y^{t+1}, x^t, y^t) = \frac{D_0^{t+1}(x^{t+1}, y^{t+1})}{D_0^t(x^t, y^t)} \times \left[\left(\frac{D_0^t(x^{t+1}, y^{t+1})}{D_0^{t+1}(x^{t+1}, y^{t+1})} \right) \left(\frac{D_0^t(x^t, y^t)}{D_0^{t+1}(x^t, y^t)} \right) \right]^{1/2} \tag{4.10}$$

$$= EC \times TC$$

上式中，Malmquist 指数被分解为两部分，分别是生产率变化中的相对技术效率变化（EC）和技术进步的变化（TC）。EC 是规模报酬不变且要素自由处置条件下的相对效率变化指数，它刻画了从 t 到 $t + 1$ 时期每个生产单元对生产前沿边界的追赶（catching up），体现了"水平效应"或"追赶效应"。$EC > 1$ 表示生产单元的生产更接近生产前沿边界，相对技术效率有所提高；反之表示技术效率下降。TC 是技术进步指数，它测度了从 t 到 $t + 1$ 时期技术边界的移动，对应着"增长效应"。$TC > 1$ 表示技术进步；反之表示技术衰退。当对应规模报酬可变生产前沿时，技术效率变化指数还可进一步分解为纯技术效率变化（PC）和规模效率变化（SC）[①]。纯技术效率反映生产单元利用现有投入生产相应产出的能力；规模效率反映生产单元达到技术最优生产规模的能力。

---

① 具体分解过程参见 Fare et al, （1994）。

Malmquist 指数的四个距离函数可使用非参数数学规划的数据包络分析（DEA）技术进行计算。假设有 $k = 1, \cdots, K$ 个决策单元，在每一时期 $t = 1, \cdots, T$，使用投入 $x_n^{k,t}$（ $n = 1, \cdots, N$），生产产出 $y_m^{k,t}$（ $m = 1, \cdots, M$）。每个投入产出的观测值严格为正，并且每个时期的观测值数量保持不变。t 时期的参照技术（前沿技术）通过数据可以构建为：

$$S^t = \left\{ (x^t, y^t) : y_m^t \leqslant \sum_{k=1}^{K} z^{k,t} y_m^{k,t} ; \sum_{k=1}^{K} z^{k,t} x_n^{k,t} \leqslant x_n^t ; z^{k,t} \geqslant 0 \right\} \qquad (4.11)$$

其中：$z^{k,t}$ 表示第 k 个样本观测值的权重。这个生产技术具有规模报酬不变和强要素自由处置性质，因为技术效率是距离函数的倒数（Farrell, 1957），所以，技术效率的求解就转化为对距离函数倒数的解。为了估算决策单元 k' 在时期 t 和 $t + 1$ 之间的生产率变化，需要求解四个线性规划问题：$D_0^t(x^t, y^t)$，$D_0^{t+1}(x^t, y^t)$，$D_0^t(x^{t+1}, y^{t+1})$，$D_0^{t+1}(x^{t+1}, y^{t+1})$。对 $k' = 1, \cdots, K$ 决策单元，$D_0^t(x^t, y^t)$ 可以通过下面的规划解出：

$$(D_0^t(x^{k',t}, y^{k',t}))^{-1} = \max \theta^{k'}$$

$$\text{s. t. } \theta^{k'} y_m^{k',t} \leqslant \sum_{k=1}^{K} z^{k,t} y_m^{k,t}, m = 1, \cdots, M$$

$$\sum_{k=1}^{K} z^{k,t} x_n^{k,t} \leqslant x_n^{k',t}, n = 1, \cdots, N$$

$$z^{k,t} \geqslant 0, k = 1, \cdots, K \qquad (4.12)$$

类似地，可以写出其他距离函数 $D_0^t(x^{t+1}, y^{t+1})$，$D_0^{t+1}(x^t, y^t)$，$D_0^{t+1}(x^{t+1}, y^{t+1})$ 的线性规划。

4.3 指标选取与数据说明

本章的实证研究基于 1993—2008 年我国 29 个省市流通业的面板数据。选取"交通运输仓储和邮政通信业"与"批发零售住宿和餐饮业"代表流通业。样本包括除西藏以外的所有省份，重庆被合并到四川省进行分析。估计流通业全要素生产率所要用到的主要指标有三个：产出水平、资本投入与劳动投入。基础数据来源于历年《中国统计年鉴》、《中国第三产业统计年鉴》、《中国国内生产总值核算历史资料（1952—2004）》、《中国固定资产投资统计年鉴》和各省统计年鉴。下面对相关指标选择、数据来源与处理方法进行说明。

4.3.1 产出水平

一般而言，衡量经济体整体产出的指标是按可比价计算的国内生产总值。因此，这里用各省份流通业增加值指标衡量流通业产出水平。1993—2004 年数据取自《中国国内生产总值核算历史资料（1952—2004）》，2005—2008 年数据取自《中国统计年鉴（2006—2009）》。此外，为了保证数据的可比性，以 1993 年为基期，用以不变价格计算的第三产业增加值指数对原始数据进行平减，从而得到以 1993 年不变价格计算的流通业增加值。

4.3.2 劳动投入

严格来说，理想的指标应该考虑到数量和质量两个方面，但考虑到数据的可得性，这里用各地区流通业年底从业人员数表示，数据取自历年《中国统计年鉴》。由于《中国统计年鉴（2004—2009）》没有提供 2003—2008 年各地区分行业从业人员数据，这里的处理方法是：用 2002 年各地区流通业占第三产业就业人数的比重乘以 2003—2008 年各地区第三产业年底就业人数来折算。

4.3.3 资本投入

资本投入量为直接或间接构成生产能力的资本存量。这里采用各省区流通业资本存量表示资本投入。由于我国没有关于资本存量的统计数据，需要根据有关资本形成以及固定资产投入等数据推算得到。目前国际上普遍采用的资本存量估算方法是永续盘存法，该方法定义当年资本存量为上一年净资本存量（总资本存量减去资本折旧）加上当年投资。计算公式为：

$$K_{it} = K_{it-1}(1 - \delta) + I_{it} \tag{4.13}$$

其中：K_{it} 是第 i 省第 t 年的资本存量；K_{it-1} 是第 i 省第 $t-1$ 年的资本存量；I_{it} 是第 i 省第 t 年的投资；δ 是折旧率。按照该方法，我国流通业资本存量的估算关键是选择以下基础数据：基年资本存量、当年投资、投资价格指数以及资本折旧率。

（1）基年资本存量的确定。1993 年我国进行了全国和各省市第三产业普查，据此可以得到 1992 年全国分地区流通业资本存量。然后再通过 1993 年流通业固定资产投资、固定资产价格指数和折旧率可以得到 1993 年的资本存量。

（2）资本折旧率。由于中国法定残值率是 3% ~ 5%，且现有文献一般选择折旧率为 5%，因此本章也选取折旧率为 5%。

（3）当年投资的选择。当年投资采用固定资本投资这一指标衡量，数据来源于历年《中国固定资产投资统计年鉴》和各省统计年鉴。

（4）固定资产价格指数。1991 年以后我国开始公布固定资产价格指数。各省区固定资产价格指数直接采用《新中国六十年统计资料汇编》中各省的固定资产价格指数，并折算成以 1993 年为基期的固定资产价格指数。

4.4　流通业全要素生产率增长的实证结果分析

根据我国 29 个省市流通业面板数据，利用 Coelli（1996）给出的数据包络分析软件包 DEAP 2.1 软件，得到我国各省市 1993—2008 年流通业全要素生产率（TFP）及其分解的逐年变动情况，并将各省市的结果平均后得到我国流通业 TFP 的总体增长情况。下面从全国层面和区域层面分别予以分析。

4.4.1　中国流通业全要素生产率增长

表 4.1 列出了 1993—2008 年我国流通业 TFP 的 Malimquist 指数及其分解结果。可以看出，1993—2008 年流通业 TFP 的平均增长率为 0.6%。将 Malmquist 指数分解为技术效率变化和技术进步指数两个部分，技术效率平均增长率为 0.4%，技术进步平均增长率为 0.2%。这个结果比以往关于服务生产率的实证研究要低。徐宏毅（2004）的研究表明，1992—2002 年我国服务业 TFP 增长率为 4.8%。顾乃华（2008）计算得出此期间服务业的 TFP 为 2.3%。刘兴凯（2009）的研究结果表明，改革开放以来，服务业 TFP 平均增长率为 2.5%。张自然（2009）的研究表明，1994—2004 年我国生产性服务业 TFP 年均增长率为 6.5%。这说明流通业 TFP 低于服务业的平均水平，也低于生产性服务等新兴部门 TFP 增长水平。造成我国流通业 TFP 增长缓慢的主要原因是低水平的效率状况和技术水平。虽然技术效率和技术进步都对流通业 TFP 增长做出了一定的贡献，但两者的增长速度都偏低。一方面，我国流通业发展中远没有充分挖掘出现有资源和技术的潜力，导致效率水平较低。效率提升不足和现有组织、管理体制中的激励机制不够完善有关，从而无法挖掘现有技术潜力。另一方面，技术创新和技术进步不显著，从而技术水平不高。由于历史原因，我国流通业信息化建设起步较晚，流通业技术创新能力不强，而且众多中小流通企业缺乏实现信息化的资金和实力，导致流通业技术水平和创新能力不强。因此，通过效率的改善和技术的提升提高我国流通业增长水平还有很人空间。

表 4.1　我国流通业历年平均 Malmquist 生产率指数变动及其分解（1993—2008）

年份	技术效率变化	技术进步指数	纯技术效率指数	规模效率指数	TFP 指数
1993—1994	1.038	0.995	1.031	1.007	1.033
1994—1995	1.016	1.042	1.011	1.005	1.059
1995—1996	1.047	1.009	1.040	1.007	1.057
1996—1997	1.039	0.999	1.038	1.001	1.038

续表

年份	技术效率变化	技术进步指数	纯技术效率指数	规模效率指数	TFP 指数
1997—1998	1.016	0.977	0.993	1.022	0.992
1998—1999	0.986	1.005	0.985	1.001	0.991
1999—2000	0.975	1.045	0.992	0.983	1.018
2000—2001	0.966	1.036	0.979	0.986	1.001
2001—2002	0.938	1.064	0.979	0.958	0.998
2002—2003	1.064	0.946	1.024	1.040	1.007
2003—2004	0.984	1.028	1.004	0.980	1.012
2004—2005	1.023	0.892	1.024	0.998	0.913
2005—2006	1.000	0.983	1.010	0.990	0.983
2006—2007	1.003	0.987	1.014	0.990	0.990
2007—2008	0.981	1.030	0.985	0.996	1.010
平均	1.004	1.002	1.007	0.997	1.006

注：本表中指数为历年各省的几何平均数，所取的平均数也是各年份的几何平均数。

进一步分析可知，在流通业技术效率的变动中，纯技术效率指数平均上升0.7%，规模效率指数平均下降0.3%。在规模效率略有下降的情况下，此期间技术效率的上升主要得益于纯技术效率的提升。这表明，1993—2008年我国流通业虽然在现有技术水平下的资源配置效率有所提高，但是行业规模分散，表现为规模不经济，阻碍了流通业效率的提升。长期以来，我国流通业普遍存在重复建设、规模分散等问题。由于原有计划经济体制下"条块分割"的行政管理体制使得商品流通体系建设和经营互相封闭，各地在流通基础设施建设方面相互攀比、重复建设，缺乏区域层面的整体规划和布局；同时流通业组织化、社会化程度低，多数企业规模较小、经营分散、社会化意识淡薄，仍然倾向于自建运输、销售和服务体系，缺乏有效的合作机制。事实上，流通业作为国民经济的基础性产业，需要强大的组织和网络体系才能实现较高的规模效率。从这个角度看，流通业普遍存在的重复建设、规模分散等问题，是其规模无效率的根源。要从根本上消除我国流通业的规模不经济，就必须大力整合社会流通资源，合理进行流通产业布局，以节约资源、提高流通业规模效率。

从变化趋势上看，我国流通业TFP在1994—1997年基本上处于高速增长期，这段时期内TFP相对良好的表现源于技术效率和技术进步的双重推动。值得注意的是，此期间纯技术效率和规模效率指数增长一直为正，表明所投入的生产要素的潜力不断被挖掘出来，其蕴含的规模经济效应也逐步被发掘，最终使流通业实际产出逐渐逼近最大可能产出。这可能与经济体制改革初期各种有利于生产率增长的体制、制度、组织等激励因素被充分释放出来有关。经历了这段时期的增长后，流通业 TFP 在 1998 和 1999 年出现了负增长。可能的原因是这段时期内受到宏观经济波动、通货紧缩以及买方市场等多种因素的影响，流通业 TFP 出现了负增长。2000—2004 年流通业 TFP 呈缓慢上升趋势，在此期间，尽管出现了技术效率的下降，但是技术进步明显，由于技术进步产生的正效应超过效率损失引发的负效应，使得流通业 TFP 基本上维持着正增长。此期间技术水平的上升可能源于信息技术的快速发展和广泛应用，加速了流通业的技术创新和技术进步。然而，2005 年 TFP 呈现出显著的下降趋势，增长率为 − 8.7%。尽管当年技术效率实现了 2.3% 的正增长，但由于技术退步明显，导致全要素生产率增长达到 1994 年以来的最低点。出现这种情形的一个可能原因是从 2004 年年底开始，流通业全面对外开放，国内流通业在国际竞争中处于十分不利的地位，技术水平和创新能力被严重削弱，导致生产率出现明显的下降。2006 年以后，流通业全要素生产率又开始缓慢上升，并且在 2008 年实现了正增长。图 4.2 反映了我国流通业TFP 变动趋势。

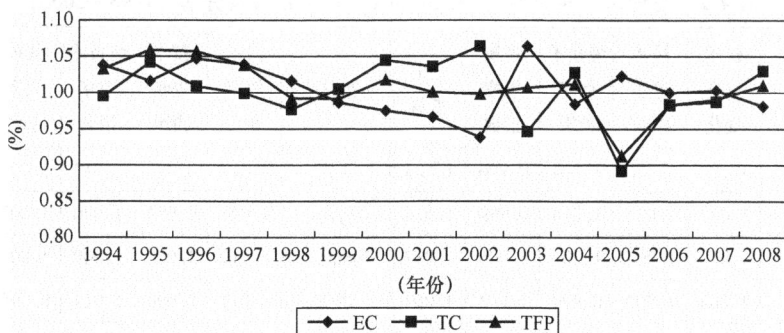

图 4.2 我国流通业 Malmquist 生产率指数及其分解变化趋势（1994—2008）

资料来源：根据 DEAP 2.1 软件运算结果整理绘制。

4.4.2 区域流通业全要素生产率增长

下面分析流通业全要素生产率增长的区域差异。表 4.2 列出了本章研究所考查的 29 个省市以及按东、中、西部[①]划分的各地区流通业 TFP 指数及其分解情况[②]。可以看出，省际 TFP 增长的差异较大。1993—2008 年平均增长率最高的省

---

① 东部地区包括北京、天津、河北、辽宁、上海、江苏、浙江、福建、山东、广东和海南 11 个省（市）；中部地区包括山西、吉林、黑龙江、安徽、江西、河南、湖北和湖南 8 个省；西部地区包括内蒙古、广西、四川（含重庆）、贵州、云南、陕西、甘肃、青海、宁夏和新疆 10 个省（区）。

② 限于篇幅，此处只列出 1993—2008 年各省（区/市）流通业全要素生产率指数及其分解的平均值，关于各省（区/市）的逐年结果不再列出。

份是山东（4.2%），最低的是贵州（-4.1%），两者相差接近 10 个百分点。平均增长率高于 2% 的省（区/市）有山东（4.2%）、天津（3.4%）、上海（3.1%）、北京（2.3%），增长率为负的省（区/市）是贵州（-4.1%）、陕西（-3.2%）、青海（-3%）、江西（-0.5%）、云南（-0.1%）、山西（-0.1%）。分区域看，东、中部地区流通业全要素生产率增长为正，西部地区为负。东部地区的平均 TFP 增长率最高，达到 1.6%；中部地区为 0.5%；而西部地区则是 -0.4%，区域间差异较大。技术进步方面，东部依然最高，平均增长率达到 1.3%；西部次之，为 0.1%；中部最低，为 -1.3%。技术效率方面，东、中、西部依次为 0.3%、1.8%、-0.5%。东、中、西三大区域的纯技术效率指数均为正，平均增长率分别是 0.3%、1.8%、0.3%；东部规模效率以年均 0.1% 的速度上升，而中、西部的规模效率分别以年均 0.1% 和 0.8% 的速度下降。这说明东部地区流通业规模发展到一定程度，具有规模经济效应，而中、西部地区流通业还没有发展到一定的规模，难以发挥规模经济效应。

表 4.2　各地区流通业平均 Malmquist 生产率指数及分解（1993—2008）

地区	技术效率变化	技术进步指数	纯技术效率指数	规模效率指数	TFP指数	地区	技术效率变化	技术进步指数	纯技术效率指数	规模效率指数	TFP指数
北京	1.000	1.022	1.004	0.996	1.023	江西	1.013	0.982	1.012	1.001	0.995
天津	1.013	1.021	1.014	0.999	1.034	河南	1.023	0.982	1.020	1.003	1.005
河北	1.010	1.007	1.003	1.006	1.017	湖北	1.010	1.000	1.008	1.002	1.010
辽宁	1.003	1.003	0.999	1.004	1.007	湖南	1.012	0.990	1.014	0.998	1.003
上海	1.000	1.031	1.000	1.000	1.031	中部平均	1.018	0.987	1.018	0.999	1.005
江苏	1.000	1.001	1.000	1.000	1.001	内蒙古	1.037	0.987	1.035	1.002	1.024
浙江	0.993	1.012	0.983	1.010	1.005	广西	0.998	1.003	1.000	0.998	1.001
福建	1.005	1.012	1.005	0.999	1.017	四川	1.004	1.002	0.996	1.008	1.006
山东	1.039	1.002	1.022	1.017	1.042	贵州	0.971	0.988	0.971	1.000	0.959
广东	0.991	1.015	1.000	0.991	1.007	云南	0.986	1.013	0.990	0.997	0.999
海南	0.984	1.016	1.000	0.984	1.000	陕西	0.989	0.979	0.991	0.999	0.968
东部平均	1.003	1.013	1.003	1.001	1.016	甘肃	1.040	1.007	1.054	0.987	1.047
山西	1.014	0.985	1.017	0.997	0.999	青海	0.962	1.008	1.002	0.961	0.970
吉林	1.019	0.982	1.016	1.003	1.001	宁夏	0.976	1.012	1.000	0.976	0.988
黑龙江	1.015	0.996	1.019	0.996	1.011	新疆	0.988	1.012	0.994	0.994	1.000
安徽	1.035	0.979	1.039	0.996	1.013	西部平均	0.995	1.001	1.003	0.992	0.996

注：本表中指数为各地区历年的几何平均数，按区域划分的平均数也是相应地区的几何平均数。

　　流通业 TFP 增长最快的是东部地区，而且其各项指数均呈现正增长，经验结果与东部地区在全国相对发达的服务经济地位是相一致的。从 1993—2008 年东部地区平均时间序列看，其 TFP 平均增长率为 1.5%，这主要源于技术进步水平的提高和技术效率的改善，其技术进步增长率达到了 1.3%，同时技术效率的增长率为 0.3%。在东部地区内部，TFP 增长速度较快的省（市）有山东、天津、上海、北京、福建、河北，平均增长率分别为 4.2%、3.4%、3.1%、2.3%、1.7%、1.7%，均高于同期东部平均水平。值得注意的是海南省，其生产率指数为 1，表明该省在这段时期内 TFP 没有发生变化，主要原因是技术效率下降幅度较大，完全抵消了技术进步的效果。东部地区其余省份均实现了正增长。此外，由表 4.2 可知，东部多数省（市）TFP 的增长主要是由技术进步推动的，而技术效率的作用相对较小，浙江、广东、海南三个省份的技术效率甚至为负。可见，较高的技术进步水平增长率仍是推动东部各省 TFP 增长的主要源泉。

　　流通业 TFP 增长处于第二的是中部地区。从 1993—2008 年中部地区平均时间序列看，其 TFP 平均增长率为 0.5%，略低于全国平均水平 0.6%。具体而言，中部地区技术效率的平均增长率为 1.8%，而技术水平下降显著，平均增长率为 −1.3%，技术退步在相当程度上抵消了技术效率提高的积极效应。在中部地区内部，TFP 增长率较快的省份是安徽、黑龙江和湖北，平均增长率分别是 1.3%，1.1% 和 1%，这主要得益于技术效率的提高，其技术效率的平均增长率分别是 3.5%，1.5% 和 1%。TFP 增长速度为负的省份是江西和山西，平均增长率分别为 −0.5% 和 −0.1%，尽管这两个省份的技术效率增长率分别达到了 1.3% 和 1.4%，但由于技术进步水平下降明显，导致 TFP 为负。可以发现，中部地区所有省份的技术效率都是正增长，但技术进步方面，除湖北没有发生变化外，其余省份的技术水平都出现了不同程度的下降。

　　流通业 TFP 增长为负的是西部地区。从 1993—2008 年西部地区平均时间序列看，其 TFP 平均增长率为 −0.4%，远低于全国平均水平。主要原因是技术效率的下降和技术进步的不明显，技术效率和技术进步的平均增长率分别为 −0.5% 和 0.1%。在西部地区内部，流通业 TFP 保持正增长的省（区）有甘肃、内蒙古、四川和广西，平均增长率分别为 4.7%，2.4%，0.6% 和 0.1%。其中，甘肃和四川 TFP 增长由技术效率和技术进步双重驱动，内蒙古 TFP 增长的主要原因是技术效率的提高，广西则是由于技术进步的提高。贵州、陕西、宁夏、云南的 TFP 增长率为负。其中，贵州和陕西的 TFP 下降最快，平均增长率分别为 −4.1% 和 −3.2%，也是全国最低水平，主要原因是技术效率和技术进步同时下降，贵州分别是 −2.9% 和 −1.2%，陕西分别是 −1.1% 和 −2.1%；其次是宁夏和云南，平均增长率分别为 -1.2% 和 -0.1%，导致 TFP 下降的原因是技术效率的下降。此外，新疆地区的 TFP 指数为 1，这说明 1993—2008 年内其 TFP 没有变化。

综合上述分析，无论是东、中、西部地区之间，还是各省（区/市）之间，流通业 TFP 增长均存在显著差异。在流通业 TFP 增长的源泉上，只有东部地区与全国总体水平保持一致，即技术进步和技术效率的同时提高；中部地区的技术效率有大幅提高，但技术退步明显；而西部地区的技术进步有小幅提高，但技术效率有一定程度的下降。进一步分析可以发现，各地区流通业 TFP 增长的模式特征与地区经济发展水平存在着高度的相关性，即经济发展程度较高和基础条件较好的地区流通业生产率增长相对较快，经济发展落后的地区流通业生产率增长则相对缓慢。也就是说流通业 TFP 增长的高低会受所在地区经济发展程度的影响，地区经济发展状况是影响流通业 TFP 增长的重要因素。但反过来看，地区流通业 TFP 发展的差异在一定程度上也会造成地区经济发展水平的差异，其中可能存在着相互促进的双向因果关系，即所谓的"良性循环"。

4.5 流通业全要素生产率增长的收敛性检验

根据上节分析可以看出，流通业 TFP 在地区间的增长差异非常明显。那么这种差距在 1993—2008 年期间的变化趋势如何？自从 Bamoul（1986）、Barro 和 Sala-l-Martin（1991，1992）、Mankiw 等（1992）的开创性研究以来，经济收敛性①成为经济增长理论实证分析的重点和热点问题。为了进一步研究地区间流通业 TFP 增长差距的变化趋势，本节将在流通业 TFP 增长基础上，对其地区层面的收敛性状况进行检验。

收敛理论是基于新古典增长模型资本边际报酬递减和规模报酬不变的假设条件得出的推论，是研究国家或地区间经济差距动态变化趋势的理论。所谓收敛性，是指在封闭经济条件下，一个既定的经济体（国家或地区）初期的静态指标（如人均收入或人均产出）与其经济增长速度之间存在负相关关系，也就是落后国家（地区）比发达国家（地区）拥有更高的经济增长率，从而使得各经济体之间初期在静态指标上的差异逐渐消失。根据 Barro 等（1991）的研究，收敛机制可以分为 σ 收敛和 β 收敛，β 收敛又分为绝对 β 收敛和条件 β 收敛两种情况。σ 收敛是指不同经济体之间的人均收入或产出等的离散程度随着时间推移具有下降的趋势。β 收敛是指初期人均收入或产出较低的经济体在人

---

① 经济收敛性（convergence）在一些文献中又被称为趋同，与此相对应的概念是发散或者趋异（divergence）。

均产出增长率等人均指标上比初期人均收入或产出较高的经济体的增长速度更快。如果每个经济体的人均收入或产出都能达到完全相同的稳态水平，就是绝对 β 收敛；而如果每个经济体都朝着各自不同的稳态水平趋近则是条件 β 收敛[①]。

从现有文献来看，应用收敛理论对中国经济及地区发展差距进行的研究非常多[②]，这些研究对于正确认识我国地区发展的差距问题具有非常重要的意义。随着 TFP 在解释国家和地区间人均收入的巨大差异上产生重要作用，对其的收敛性研究在国内逐渐受到重视。韩晓燕和翟印礼（2005）等研究了我国农业 TFP 增长的收敛性，谢千里等（2008）研究了我国工业生产率的收敛问题。但就服务业领域而言，对服务业 TFP 收敛性的分析还并不多，从已有文献看，仅有刘兴凯和张诚（2010）、曹跃群和唐静（2010）进行了初步研究，而关于服务业细分行业 TFP 的收敛性检验更是较为少见[③]。因此，在对我国流通业 TFP 进行 Malmquist 指数分解基础上，应用收敛理论对我国流通业 TFP 增长的收敛性进行检验，除了可以作为对现有研究的补充和完善外，更为重要的是通过这一研究，可以对我国流通业 TFP 增长的地区差距的发展趋势进行探讨。

4.5.1 σ 收敛检验

σ 收敛可以说明不同地区之间全要素生产率差异变化的水平趋势，一般用标准差或变异系数来衡量，这里用 σ 表示流通业 TFP 指数的标准差，CV 表示流通业 TFP 指数的变异系数。如果它们随时间推移逐渐减小，就表明地区间的 TFP 增长率越来越接近，从而存在 σ 收敛。图 4.3 给出了从全国整体层面和三大区域层面流通业 TFP 指数的标准差随时间变化的情况。可以看出，无论是全国还是东中西部地区，1994—2008 年 TFP 增长率的标准差均表现出波动性下降趋势，这说明存在 σ 收敛，流通业 TFP 增长的地区间差距在逐渐缩小。从地区间的比较看，1994—1998 年西部地区 TFP 增长率的标准差一直高于东、中部地区，表明此期间西部地区各省（区）之间流通业 TFP 相差较大。1999—2004 年中部地区 TFP 指数的标准差相对于东、西部地区高，表明这段时期中部地区各省份流通业 TFP 差距相对更大。而 2004 年之后，西部地区各省（区）之间流通业 TFP 差距相对其他地区更大。从时间趋势上看，2001 年之前 TFP 增长率的标准差递减幅

---

① 绝对 β 收敛的比较基准是其他经济体，条件 β 收敛的比较基准是自身的稳定状态。

② 关于收敛性方面的研究综述不再阐述，这方面的综述可参考朱保华和徐丽天（2000）、刘夏明等（2004）、王启仿（2004）等。

③ 也有学者对服务业及其部分细分行业技术效率的收敛性进行了检验，如杨向阳（2006）检验了我国服务业技术效率的收敛性，田刚和李南（2009）分析检验了物流业技术效率在三大地区之间和地区内部的变化趋势。

度较为明显，表明这段时期内流通业 TFP 的地区差距的缩小幅度较大；2001 年之后则趋于平稳，说明流通业 TFP 的地区间差距相对稳定。由图 4.4 可知，各地区生产率的变异系数也清楚地说明了这一点。

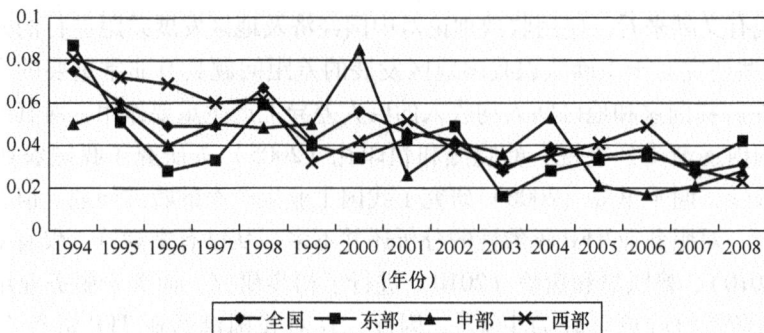

图 4.3　全国及三大地区流通业 TFP 指数 σ 收敛示意图（1994—2008）
资料来源：根据 DEAP 2.1 软件运算结果计算绘制。

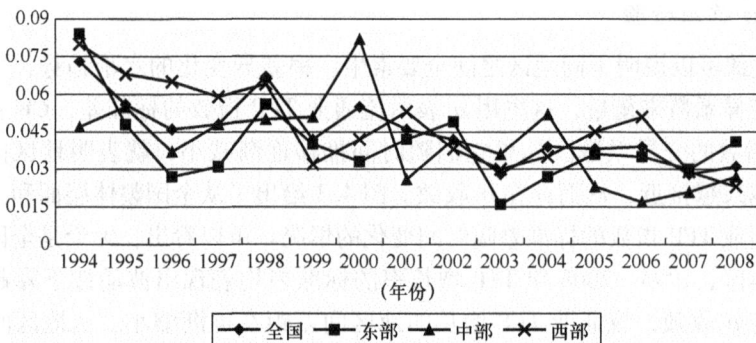

图 4.4　TFP 指数的全国及三大地区变异系数（CV）图（1994—2008）
资料来源：根据 DEAP 2.1 软件运算结果计算绘制。

4.5.2　β 收敛检验

为了更为细致地考察地区间 TFP 增长的收敛情况，下面进行量化程度较高的绝对 β 收敛检验。根据 Barro（1991）的分析框架，这里将 TFP 增长的绝对 β 收敛回归估计式设为：

$$\frac{1}{T}\ln\left(\frac{y_{iT}}{y_{i0}}\right) = a + b\ln(y_{i0}) + u_{it} \tag{4.14}$$

其中：y_{iT} 和 y_{i0} 分别为第 i 省第 T 年和初始年份流通业 TFP 水平；$b = -[(1-$

$e^{-\beta T})/T]$，β 为收敛速度；T 为时间跨度；a 为常数项，u_{it} 为随机误差项。具体估计结果见表 4.3。

表 4.3 生产率水平的 β 收敛检验

变量	全国	东部	中部	西部
b	− 0.070 3***	− 0.069 9***	− 0.070 0***	− 0.063 9***
	(0.006)	(0.014)	(0.017)	(0.007)
R^2	0.834	0.763	0.734	0.920
	[0.828]	[0.733]	[0.690]	[0.910]
β	0.128 7	0.119 3	0.121 4	0.069 8

注：圆括号内为标准误差，方括号内为调整的 R^2；*，**，***分别表示在 10%，5% 和 1% 的水平下变量显著。

从表 4.3 可以看出，就全国整体来看，系数 b 的值为 − 0.070 3，并且在 1% 的水平下显著，说明 1994 年以来，通过加总估计的全国流通业 TFP 存在绝对 β 收敛，TFP 增长与初始水平存在显著的负相关关系，意味着落后地区 TFP 增长更快，从而趋于收敛，收敛速度为 12.87%。从长期来看，所有的经济体都收敛于共同的稳态水平，并具有相同的增长率。就三大地区来看，东、中、西三大地区系数 b 的值为 − 0.069 9，− 0.07 和 − 0.063 9，并且所有的回归系数均在 1% 的水平下显著，说明在东部、中部和西部三大地区内部也存在绝对 β 收敛现象。从收敛速度看，东部地区年收敛速度为 11.93%，中部地区为 12.14%，西部地区为 6.98%，中部地区的收敛速度相对东部和西部地区更快，但基本上三大地区都保持了较快的收敛速度。总体而言，无论是全国还是三大地区，都表现出显著的收敛趋势，这也说明了我国市场化改革进程的加速以及有利的制度设计使得各种促进生产率收敛的社会经济条件发挥了重要作用，从而使得各地区间的流通业生产率差异缩小。

综合上述收敛性分析，我国流通业 TFP 存在一定的 σ 收敛，同时存在绝对 β 收敛，表明各地区流通业 TFP 水平将逐渐缩小，且趋于同一水平。

4.6 本章结论和启示

本章使用 1993—2008 年省际面板数据，采用基于 DEA 的 Malmquist 指数方法，测算了我国流通业 TFP，并对其进行了分解，分析了我国流通业 TFP 的增长情况及其特征，在此基础上对流通业 TFP 增长进行了收敛性检验。得到的基本结论如下。

第一，1993—2008 年，我国流通业 TFP 年均增长率为 0.6%，流通业 TFP 增长的时间变动呈现出一定的特点，受经济、体制、制度、环境等多种因素的影响，不同时期的特点也不尽相同。

第二，将 TFP 分解为技术效率和技术进步，其中技术效率变动 0.3%，技术进步变动率为 0.1%。尽管技术效率和技术进步都对流通业的增长做出了一定贡献，但两者的增长幅度均较小，导致我国流通业 TFP 增长率较低。因此，通过效率的改善和技术的提高提升流通业 TFP 还有很大空间。

第三，技术效率的提高主要受纯技术效率指数的影响，纯技术效率呈现上升趋势。而规模效率指数呈现下降趋势，我国流通业普遍存在规模无效率。

第四，TFP 增长存在显著的地区差异。东部地区的流通业 TFP 增长水平最高，中部地区次之，而西部地区的表现最为糟糕。就各省份而言，省际 TFP 增长也存在较大差异。无论是东、中、西部地区之间，还是各省份之间，流通业 TFP 增长均存在显著差异。

第五，收敛性检验表明，我国流通业 TFP 存在 σ 收敛和绝对 β 收敛。无论是全国还是三大地区内部，流通业 TFP 均呈现收敛趋势。市场化改革进程的加速以及有利的制度设计使得各种促进生产率收敛的社会经济条件发挥了重要作用，从而使得各地区间的流通业生产率差异缩小。

与现有服务生产率的研究结果相比，本章测算的我国流通业 TFP 的增长率较低，不仅低于生产性服务等新兴服务部门生产率的增长水平，也低于服务业的平均水平。TFP 的提高是增强产业竞争力和可持续性的源泉，是实现流通发展方式转变的重要内容。TFP 的增长不仅需要产业技术效率的有效改善，而且需要技术水平的显著提高。只有技术效率的水平效应和技术进步的增长效应共同推动，才能促进生产率更快增长。尽管我国流通业已经具有技术效率和技术进步双重驱动的增长特征，但是两者的增长都偏低，导致流通业 TFP 增长缓慢。要实现流通业 TFP 更快增长，推动流通业发展方式转变，必须做好以下几方面的工作：第一，加强流通创新，消除造成效率损失的各种制度性障碍，促进现有资源的优化配置及前沿技术的推广和扩散，提高流通业技术效率水平。同时加大研发投入，开发具有自主知识产权的核心技术，加快流通领域的技术创新，推动流通技术的持续升级，提高流通业技术进步水平。第二，提高流通组织化和规模化水平，改变流通业规模无效率的状况。当前我国流通业总体上表现出小、散、弱的状态，要改变这一现状，必须科学规划、有效整合现有资源，大力发展专业化和社会化流通，提高流通业的组织化和规模化水平，以节约资源、提高流通业规模效率。第三，制定区域流通产业政策，实现流通业区域协调发展。促进东部地区在保持较快技术进步的同时，积极改善技术效率，实现 TFP 的更快增长；中部地区在保持现有技术效率高速增长的同时，加快技术创新和技术进步的速度；西部地区要予以重点扶持和开发，促进其技术效率和技术进步的全面提升。通过综合统筹全国东部、中部和西部区域的协调发展以及城乡协调发展，加强流通基础设施建设、人力资本投资、公共财政支持等，促进各地区流通业生产率增长的稳态值趋于一致。

5 流通业结构调整与就业增长的关系

5.1 引言和相关文献述评

作为国民经济的重要产业部门，流通业因其产业特征和技术特点，决定了其较强的吸纳就业能力，因此一直被认为是吸纳社会劳动力的主渠道。事实上，改革开放以来，特别是20世纪90年代以来，随着国家加快服务业以及流通业发展战略的实施及相关政策的出台，流通业也不断加速发展，在产值持续增长的同时，吸纳就业人数也在不断提高。1990—2011年，流通业就业人数从4 406万人增加到9 123万人，新吸纳就业4 717万人，占非农产业全部新增就业人数的19.7%，流通业的就业效应日益得到广泛关注。随着近年来我国经济增速的放缓和经济结构的调整，经济社会发展中面临的就业压力明显增加。根据人社部的统计数据，目前我国每年新增就业人口约为1 500万人，就业压力非常大；而且未就业人数呈增长趋势，2015年未就业人数就已达1 000万人。因此，如何创造足够的就业机会将是我国长期面临的重要经济和社会问题。在这一背景下，流通业能否继续成为吸纳社会就业的主要渠道，以及如何通过自身的结构调整增强就业吸纳能力，成为值得关注的重要理论和现实问题。

关于流通产业与就业增长的关系，理论分析认为，流通产业对就业增长的促进作用并不仅仅表现在流通就业人数的增长，而且随着流通就业人数的增加，不同产业之间的关联以及收入效应所引发的消费增加和生产促进效应，都会带来总体就业水平的提升（Chow，1993；Yao，1999）。对此，中国社科院课题组（2009）指出，流通业承担着我国体制改革中转移剩余劳动力的重要职能，不仅在于和其他产业相比流通业具有更大的就业吸纳空间，而且由于流通业的发展对各相关产业具有一定的中间需求，从而推动了相关产业生产的扩大，引致相关产业就业需求大量增加，从而对整个社会就业产生巨大的乘数效应。魏作磊（2010）也认为，批发零售、住宿餐饮、交通运输仓储等流通部门是吸纳社会就业的重要部门。谢莉娟和吴中宝（2009）的实证分析结果表明，流通业的发展是促进就业增长的重要产业因素。王晓东和谢莉娟（2010）的研究表明，尽管流通业的发展是促进中部地区就业增长的重要因素，但中部地区流通业发展对就业增长的贡献依然面临弹性不足的问题。夏新燕和石来斌（2011）则实证分析了珠三角地区流通业发展对就业增长的贡献。刘鹏（2013）的研究结果显示，流通业的发展对就业增长具有重要贡献，但流通业产值结构和就业结构的差异影响了流通业对就业的贡献力。王睿（2013）、黄琴（2015）的实证结果表明，流通业发展的就业吸纳效应在逐年增加，东部地区流通业产值和就业对总体就业吸纳能力的影响强于中西部地区。中国社科院课题组（2012）认为，流通业较强的就业吸纳能力有助于推动产业结构合理化。浙江工商大学课题组（2014）也认为，流通业作为国民经济的基础性产业和先导产业，具有较高的就业吸纳能力，是影响经济社会发展的关键因素。

上述研究对流通业发展与就业增长的关系进行了很多有益的探索，这些研究对于更好地认识流通业的发展对就业增长的作用具有重要的理论价值和现实意义。然而，现有研究主要是从产业发展总体层面对流通业发展与就业增长之间关系的分析，对于流通产业发展的结构性特征及其对就业吸纳能力的影响方面的研究还很少。经济理论认为，产业结构变迁是影响就业发展的重要因素，在产业结构演进过程中，劳动力就业结构也呈现规律性和长期一致性的变化趋势。因此，从结构变迁探讨流通业结构变化对就业增长的影响规律和特征具有重要的理论和实际意义。本章尝试从结构视角，对流通业发展与就业增长的关系进行研究。具体而言，本章拟在对流通业对就业增长作用的描述性统计分析的基础上，以全国省际面板数据为基础，建立流通业结构与就业增长的计量模型，重点从结构上探讨流通业发展的结构特征以及结构偏差等对其就业吸纳能力的影响，揭示流通业结构变化与就业增长的关系。在此基础上，提出通过流通业结构调整促进就业增长的政策建议，以期更好地发挥流通业在吸纳就业和促进就业增长中的重要作用。

5.2 流通业影响就业增长的统计描述

目前关于流通业对就业增长影响的文献普遍认为，流通业生产规模较小，所需要素投入较少，技术相对简单，进入门槛相对较低，就业容量又很大，因而具有很强的吸纳就业的能力，也是我国解决就业问题的一个重要服务行业。也正因为如此，流通业一直被视为国民经济的基础产业。为了量化研究我国流通业发展对就业增长的影响，本节运用相关统计指标，考察流通业影响就业增长的一般发展趋势。

根据奥肯定律，经济增长不仅带来财富的增加，而且还会带来就业的扩大。为考察流通业发展对就业增长的影响，本章首先选取流通业就业弹性以及经济总体就业弹性两个指标①，对全国 1990—2011 年流通业的就业弹性以及总体就业弹性进行对比分析，以期发现经济增长与流通业就业增长和总体就业增长的一般性趋势。以交通运输仓储和邮政业、批发零售住宿和餐饮业指标的总和作为流通业的发展指标。

图 5.1 反映了 1990—2011 年全国流通业就业弹性和总体就业弹性的变动趋势。可以看出，我国总体就业弹性较小，表明经济增长对就业的带动作用还非常有限。1990—2011 年我国总体就业弹性为 0.09，意味着 GDP 每增加 1 个单位，仅能带动全国就业增长 0.09 个单位。从历年全国总体就业弹性的变动趋势看，经济发展水平对就业的带动作用呈现波动性下降趋势，从 1990 年的 0.42 下降到 2011 年的 0.04，下降幅度非常明显。相比总体经济增长与就业增长之间的弱弹性关系，经济增长与流通业就业增长却表现出非常显著的强弹性关系，表明流通业正在逐步成为就业增长的重要因素，而且这种促进作用非常明显。从各年份看，1990 年流通业就业弹性为 0.68，此后流通业就业弹性波动较强，1998 年和 2000 年流通业就业弹性甚至出现了负值。但 2001 年以来，流通业就业弹性的波动幅度明显减弱，目前保持相对平稳的增长趋势，到 2011 年流通业就业弹性达到 0.39。总体上看，流通业已经成为就业增长的重要因素。

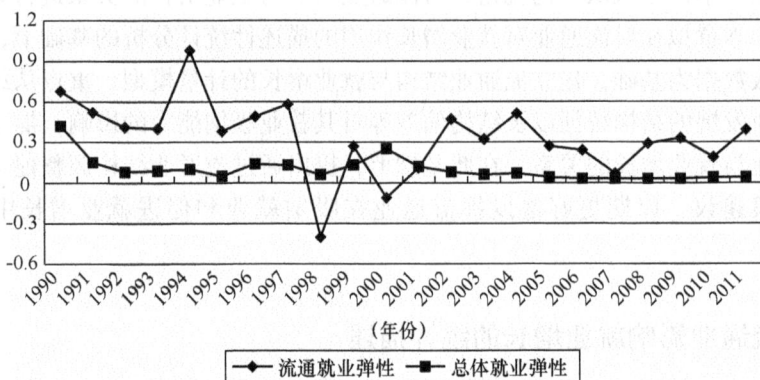

图 5.1　1990—2011 年流通业就业弹性系数和总体就业弹性系数
资料来源：根据《中国统计年鉴（1991—2012）》计算。

尽管流通业的就业弹性可以在一定程度上反映流通业就业增长对经济增长的依赖程度，但它还不能从本质上体现流通业的先导产业性质，也无法反映流通业发展的先导性对就业增长的影响程度。为此，下面再从流通业贡献率的视角，选

① 流通业就业弹性＝流通业就业增长率/GDP 增长率；总体就业弹性＝总体就业增长率/GDP 增长率。

取流通业产值增长指数和流通业就业增长指数两个指标①，进一步考察流通业发展的先导性对就业增长的推动作用。

图5.2反映了1990—2011年流通业产值增长指数和就业增长指数的变化趋势。可以看出，1990—2011年流通业产值增长指数没有出现明显的变化趋势，基本维持在1.6左右。由于流通业产值增长指数在一定程度上反映了流通业相对于经济增长的先导程度，因此表明流通业的发展对经济增长表现出相对稳定的先导性和基础性，流通业是国民经济中重要的基础性产业部门。与流通业产值增长指数相比，流通业就业增长指数基本呈现波动性上升趋势，1990年流通业就业增长指数只有1.63，1999年达到2.11，2001年以来流通业就业增长指数出现显著上升趋势，到2011年流通业就业增长指数已经达到9。由此可见，流通业发展的先导性显示出日益显著的促进就业增长的态势。尽管1998年和2000年流通业就业增长指数出现负值，但这种下跌是在总体就业也出现下降基础上的，因此，在总体上看，流通业发展对就业增长具有显著的促进作用。

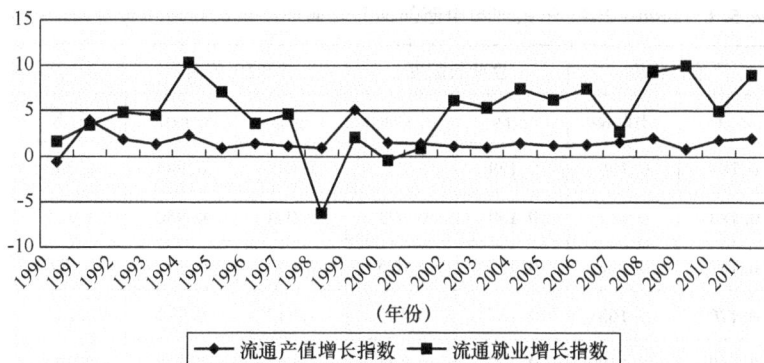

图5.2　1990—2011年流通业产值增长指数和就业增长指数

资料来源：根据《中国统计年鉴（1991—2012）》计算。

上述分析表明，在全国范围内，流通业正逐渐成为促进就业增长的重要因素。为进一步分析各地区流通业发展对就业增长的影响，下面选取流通业产值贡献度和流通业就业贡献度②、产值贡献区位商和就业贡献区位商③指标，运用2000—2011

---

① 流通业产值增长指数＝流通业产值增长率/GDP增长率；流通业就业增长指数＝流通业就业增长率/总体就业增长率。

② 流通业产值贡献度＝流通业产值/地区生产总值；流通业就业贡献＝流通业就业人数/总体就业人数。

③ 产值贡献区位商＝（地区流通产值/地区生产总值）/（全国流通产值/全国GDP总值）；就业贡献区位商＝（地区流通就业量/地区生产总值）/（全国流通就业量/全国总就业量）。

年省际数据对东部和中西部地区相应指标进行对比分析，结果见表 5.1。

从表 5.1 可以看出，2000—2011 年东部地区流通业产值贡献度为 0.156 ~ 0.188，表明东部地区流通业产值每增加 1 个单位，则地区生产总值增加 0.156 ~ 0.188 个单位。中西部地区流通业产值贡献度在 0.143 ~ 0.172，表明中西部地区流通业产值每增加 1 个单位，则地区生产总值增加 0.143 ~ 0.172 个单位。东部地区历年流通业产值贡献度均大于中西部地区，但东部和中西部地区的产值贡献度均呈现小幅下降趋势。从就业贡献度看，2000—2011 年，东部地区流通业就业贡献度在 0.129 ~ 0.165，表明东部地区流通业就业每增加 1 个单位，则地区就业总数增加 0.129 ~ 0.165 个单位。中西部地区流通业贡献度在 0.093 ~ 0.12，表明中西部地区流通业就业每增加 1 个单位，则地区就业总数增加 0.093 ~ 0.12 个单位。东部地区历年就业贡献度均大于中西部地区，且东部和中西部地区均呈现逐年上升趋势，表明流通业的就业吸纳能力在逐步增强，且东部地区流通业的就业吸纳能力更强。

表 5.1　2000—2011 年东部和中西部地区流通业产值和就业贡献度及区位商

年份	产值贡献度		就业贡献度		产值区位商		就业区位商	
	东部	中西部	东部	中西部	东部	中西部	东部	中西部
2000	0.184	0.166	0.129	0.093	1.045	0.943	1.206	0.869
2001	0.188	0.171	0.130	0.093	1.044	0.950	1.215	0.869
2002	0.187	0.172	0.135	0.096	1.033	0.950	1.216	0.865
2004	0.176	0.168	0.137	0.100	1.017	0.971	1.202	0.877
2004	0.169	0.160	0.142	0.103	1.024	0.970	1.203	0.873
2005	0.162	0.159	0.146	0.105	1.006	0.988	1.207	0.868
2006	0.161	0.155	0.148	0.106	1.013	0.975	1.203	0.862
2007	0.156	0.148	0.151	0.108	1.026	0.974	1.208	0.864
2008	0.156	0.144	0.154	0.111	1.033	0.954	1.203	0.867
2009	0.168	0.152	0.159	0.113	1.037	0.938	1.205	0.856
2010	0.173	0.147	0.159	0.116	1.068	0.907	1.187	0.866
2011	0.176	0.143	0.165	0.120	1.086	0.883	1.196	0.870

资料来源：根据《中国统计年鉴（2001—2012）》计算整理。

从各地区产值贡献度和就业贡献度的对比看，无论东部地区还是中西部地区，流通业产值贡献度均大于就业贡献度，流通业产值贡献和就业贡献呈现出结构性偏离，并且中西部地区的结构偏离度比东部地区更大。进一步从东部和中西部地区流通业产值和就业贡献的区位商来看，东部地区流通业产值贡献区位商和就业贡献区位商均大于1；中西部地区流通业产值贡献和就业贡献区位商均小于1，并且产值贡献区位商小于就业贡献区位商。这表明与全国相比，东部地区流通业产值和就业均具有相对优势，中西部地区流通业产值和就业均处于相对劣势。东部地区流通业就业贡献处于相对优势，中西部地区流通业就业贡献处于相对劣势，流通业对就业的促进作用还没有得到完全发挥。流通业就业贡献相对于产值贡献存在结构性偏离这一现象说明，在流通业持续发展的同时，尽管流通业的就业贡献度在不断提升，但其就业创造功能和就业促进效应还未完全发挥。因此，在地区流通业发展过程中，应该重视流通业产值贡献和就业贡献的结构性偏离问题，通过结构调整促进流通业产值增长，带动流通业就业贡献的不断提升。

5.3　流通业发展对就业增长影响的实证分析

经济理论中关于产业结构和就业结构的理论认为，就业结构的变动受产业结构变动的影响。在产业结构演进过程中，劳动力就业结构呈现规律性的变动趋势，尽管就业结构的变动在一定时期特别是在工业化初期往往滞后于产业结构的变动，但从长期看，就业结构的变动与产业结构的变动趋于一致（Kuznets，1971）。此外，对产业结构演进中的就业结构特征的研究表明，产业演进过程中劳动力迁移呈现部门特征（Chenery，1970；Syrquin，1989）以及技术进步导致的就业吸纳能力的差异（Stephen Machin 和 JohnVan Reenen，1998；Mortensen 和 Pissarides，1999）。可见，经济增长、技术进步与就业结构变迁之间存在密切联系。为考查流通业发展特别是流通业结构变化与就业增长的关系，本节运用全国省际面板数据模型实证检验流通业发展对就业增长的影响，重点从结构视角探讨流通业发展过程中的结构特征及结构偏差对其吸纳就业能力的影响。

5.3.1　模型、数据与变量

本章以总体就业量作为被解释变量，以流通业产值、流通业就业量、流通企业法人个数作为流通业发展水平的指标，同时考虑到多种因素对就业量的影响。为最大限度地减少估计偏差，引入人均地区生产总值和城市化水平作为控制变量，建立流通业发展与就业增长的函数关系：$ET = f(PC,EC,NC,PGDP,UR)$。为便于分析变量之间的弹性关系，以及消除变量之间的自相关，对各变量取对

数,得到如下计量模型:

$$\ln ET_{it} = \beta_0 + \beta_1 \ln PC_{it} + \beta_2 \ln EC_{it} + \beta_3 \ln NC_{it} + \beta_4 \ln PGDP_{it} + \beta_5 \ln UR_{it} + \varepsilon_{it} \qquad (5.1)$$

其中:ET 表示地区总体就业量,用地区就业人员总数表示。PC 表示流通业产值,用交通运输仓储邮政业、批发零售住宿餐饮业这两个行业产值之和表示;流通业产值越大,发展水平越高,意味着对总体就业的影响作用越大。EC 表示流通业就业量,用交通运输仓储邮政业、批发零售住宿餐饮业这两个行业就业人数之和表示;流通业就业量越大,对整体就业量影响的作用可能越强。NC 表示流通企业法人数,对此现有部分研究采用地区流通企业活动单位数表示,基于数据可得性考虑,本章采用地区限额以上流通企业法人数表示。一般来说,企业法人数越多,对吸纳社会劳动力的作用越强。$PGDP$ 表示人均国内生产总值,反映地区经济发展水平;经济发展水平越高,对劳动力的需求量就会越大,从而增加了就业量。UR 表示城市化水平,用城镇人口占地区总人口的比重表示,城市化意味着农村劳动人口向城市转移,将使更多的潜在消费需求转化为现实消费需求,从而促进就业增长。β_0 为截距项,β_1 到 β_5 为各变量的系数,分别表示流通业产值、流通业就业量、流通企业法人数、人均地区生产总值以及城市化水平对就业影响的弹性;下标 i 和 t 分别代表省份和时间;ε 为随机误差项。

本章选取我国大陆 30 个省、直辖市、自治区 2000—2011 年的面板数据。由于统计资料的限制,西藏地区未列入样本。所有数据来自 2001—2012 年《中国统计年鉴》、《中国劳动统计年鉴》和历年各省市统计年鉴。由于 2007 年统计年鉴上没有提供 2006 年分地区的就业人员数,因此该年就业人数采用 2005 年和 2007 年的平均数表示。考虑到数据的可得性,地区限额以上流通企业法人数仅包括批发零售住宿餐饮业的企业法人数。为保证数据的可比性,以 2000 年为基期,分别用以不变价格计算的增加值指数对流通业产值和国内生产总值进行平减。

5.3.2 实证结果分析

根据上述模型,对全面总体、东部地区和中西部地区面板数据模型分别进行估计。面板数据模型 Hausman 检验结果显著,因此均采用固定效应模型。模型具体估计结果见表 5.2,下面对照具体回归结果进行分析。

从全国总体看,流通业产值、流通业就业人数、流通企业法人数的系数均显著为正,表明流通产值、就业人数、企业法人数对总体就业均具有正向影响。其中,流通业产值每增加 1 个单位,就业总人数增加 0.025 个单位;流通业就业人数每增加 1 个单位,就业总人数将增加 0.354 个单位;流通企业法人数每增加 1 个单位,就业总人数增加 0.008 个单位。可见,流通业的发展已经成为促进就业增长的重要因素，流通业产值、就业的扩张以及流通企业数的增加都将显著推动就业增长。这里的回归结果与理论分析基本一致。因此，在目前我国经济增速放缓和经济结构性转变导致就业压力明显增加的情况下，要充分发挥流通业在吸纳就业方面的作用，通过流通业的发展促进总体就业的增长。此外，根据回归结果，经济发展水平的提高并未起到显著增加就业的作用，这与理论预期有所偏差。其原因可能在于，我国经济增长的非均衡性、收入差距的持续扩大所造成的有效需求不足，从而使得经济发展水平的提高并未能显著促进就业的增加。城市化水平的系数显著为正，表明城市化水平的提高能够促进总体就业的增加。

表 5.2　面板数据模型估计结果

变量	模型Ⅰ（全部样本）		模型Ⅱ（东部地区样本）		模型Ⅲ（中西部地区样本）	
	系数	t 检验值	系数	t 检验值	系数	t 检验值
Cons	5.127***	29.841	4.345***	12.235	5.738***	36.262
lnPC	0.025**	2.058	0.009	0.452	0.043***	3.473
lnEC	0.354***	20.773	0.471***	16.234	0.251***	13.612
lnNC	0.008*	1.744	0.002	0.323	0.014**	2.957
ln$PGDP$	−0.021	−1.352	−0.011	−0.473	−0.037*	−1.881
lnUR	0.103***	2.966	0.127*	1.650	0.092***	2.826
AR (1)	0.866***	40.641	0.848	18.899	0.820***	23.645
Obs	360		132		228	
Adj − R²	0.999		0.998		0.999	
Hausman	224.079***		188.781***		454.613***	

注：＊＊＊，＊＊，＊分别表示在1%、5%、10%的水平下显著。

值得注意的是，根据上述回归结果，流通业产值、流通业就业以及流通企业法人数对总体就业增长的弹性均小于0.5，表明流通业的发展对总体就业增长影响的弹性较低。这意味着流通业在总量上的扩张所带动的就业增长十分有限。因此，必须从结构视角寻找流通业对总体就业增长促进作用偏低的原因。为此，本研究计算了2011年流通业内部交通运输仓储邮政业和批发零售餐饮业这两大行业的产值结构和就业结构及其偏离度。交通运输仓储邮政业占流通业产值比重为29.4%，而与此对应的就业比重达38.8%，说明目前该行业具有较强的就业吸纳能力;但由于该行业在流通业中的比重较低,因而限制了流通业整体对吸纳社会就业的能力。而另一方面,批发零售住宿餐饮业占流通业产值比重为 70.6%,而与此相对应的就业比重为 61.2%,产值比重相对于就业比重的结构偏离度达 9.4%,说明该行业的就业吸纳能力还相对较弱。由于该行业占流通业产值比重非常高,因而也不利于流通业整体就业吸纳能力的提高。因此,流通业内部各行业发展的不平衡以及产值结构和就业结构的偏离使得流通业还未能充分发挥出对总体就业的促进作用,从而导致其对就业增长的弹性还较低。流通业对总体就业增长缺乏弹性的另一方面的原因在于,人均流通企业法人数较低。尽管从年度变化趋势看,流通企业法人数在不断增加,2000 年全国限额以上流通企业法人数为 29 056 个,到 2011 年全国限额以上流通企业法人数达 164 117 个,但人均拥有流通企业法人数还很低,2011 年每万人平均拥有企业法人数仅为 1.23 个。在不考虑其他因素影响的前提下,人均企业法人数较少意味着劳动要素之间的竞争较大,从而使得流通企业法人单位数带动就业的弹性被降低。

下面根据表 5.2 对东部和中西部地区回归结果做进一步分析。从表 5.2 可以看出,东部和中西部地区的回归结果与全国总体回归结果相似,但也存在一些差异。首先,从流通业产值系数看,东部地区流通业产值对总体就业的影响不显著,中西部地区显著为正。一般而言,流通业发展水平越高,发展速度越快,对就业的带动作用应该越强。为考察东部和中西部地区流通业的发展速度,本研究计算了 2000—2011 年东部和中西部流通业的产值增长率和产值增长指数,结果见表 5.3。从表中可以看出,总体上东部地区流通业产值增长水平高于中西部地区,特别是 2009 年以来,东部地区流通业产值增长率和产值增长指数均显著高于中西部地区,表明东部地区流通业对总体经济增长正发挥着越来越重要的作用。但是东部地区流通业产值对总体就业的影响却不显著,这里的实证结果与理论预期存在一定偏差,可能的原因在于,流通业产值对总体就业的影响程度不仅要受到产值增长速度的影响,而且还要受到劳动生产率的限制,劳动生产率越高,对就业的吸纳能力越弱[①]。为此,本章分别计算了东部和中西部地区流通业的劳动生产率(表 5.3)。可以看出,2000—2011 年,东部地区历年流通业劳动生产率均显著高于中西部地区流通业劳动生产率,2011 年东部地区流通业劳动生产率达 99 275.1 元/人,而中西部地区只有 60 102.55 元/人。由于东部地区流通业劳动生产率非常高,因此在很大程度上削弱了东部地区流通业产值增长

---

① 根据新古典经济增长理论,劳动力需求以及就业量,一方面取决于经济增长,另一方面也取决于劳动生产率的变化。经济增长越快,越会增加对劳动力的需求量,从而增加就业量;反之亦然。而在经济增长水平不变的情况下,劳动生产率又与劳动力的需求量呈反方向变动关系。

所带来的总体就业吸纳能力的影响，导致东部地区流通业产值对总体就业增长的影响不显著。

表 5.3 2000—2011 年东部和中西部地区流通业产值增长率、增长指数和劳动生产率

年份	东部地区			中西部地区		
	产值增长率（%）	产值增长指数	劳动生产率（元/人）	产值增长率（%）	产值增长指数	劳动生产率（元/人）
2000	12.8	1.04	33 416.73	12.7	1.40	18 833.30
2001	12.5	1.23	36 924.06	12.6	1.35	21 196.61
2002	10.2	0.94	38 814.09	10.1	1.12	22 548.90
2003	10.0	0.61	40 918.34	11.0	0.80	23 802.39
2004	15.1	0.75	44 029.54	14.5	0.70	25 995.48
2005	19.5	0.80	49 313.61	18.5	0.99	29 767.04
2006	16.0	0.95	54 146.48	13.7	0.81	32 826.77
2007	15.2	0.79	59 206.90	16.0	0.74	36 971.96
2008	17.8	1.02	66 076.91	18.0	0.83	41 845.02
2009	17.6	1.91	72 414.64	17.0	1.67	46 935.60
2010	21.9	1.20	86 230.04	17.2	0.80	52 179.71
2011	19.4	1.13	99 275.10	19.1	0.86	60 102.55

资料来源：根据《中国统计年鉴（2001—2012）》计算整理。

此外，从流通企业法人数估计系数看，东部地区流通企业法人数对就业总数的影响也不显著，而中西部地区流通企业法人数对总体就业的影响显著为正。这里的实证结果与理论分析也有所偏差。对此，可以从流通企业法人数的变迁角度予以考虑，当流通企业法人数还未达到饱和时，增加一单位流通企业法人数对总体就业具有正向影响。而随着流通企业法人数的增加并趋于饱和，继续增加企业法人数，可能会因为过度竞争带来边际就业效应的递减，导致其对总体就业产生负向影响。表 5.4 列出了 2000—2011 年东部和中西部地区人均流通企业法人数。可以看出，东部地区历年人均流通企业法人数均远远高于中西部地区，到 2011 年，东部地区每万人拥有流通企业法人数为 1.91 个，而中西部地区只有 0.75 个。东部地区较高的流通企业法人数意味着东部地区的大型企业更加集中，企业之间的竞争更加激烈，因而综合实力相对较差的中小企业在市场竞争中更容易遭到淘汰。由于广大中小企业在吸纳就业方面的作用相对更大，因此，东部地区流通企业的竞争使得限额以上企业法人数的增加对总体就业的促进作用不显著。

表 5.4 2000—2011 年东部和中西部地区人均流通企业法人数

（单位：个/万人）

年份	东部地区	中西部地区	年份	东部地区	中西部地区
2000	0.35	0.16	2006	0.93	0.33
2001	0.37	0.15	2007	1.01	0.36
2002	0.39	0.16	2008	1.79	0.55
2003	0.42	0.16	2009	1.64	0.54
2004	0.63	0.24	2010	1.78	0.66
2005	0.84	0.32	2011	1.91	0.75

资料来源：根据《中国统计年鉴（2001—2012）》计算整理。

5.4 本章结论和启示

本章在流通业发展对就业增长作用的描述性统计分析的基础上，运用 2000—2011 年全国省际面板数据，对流通业发展与就业增长的关系进行了实证分析，重点探讨了流通业发展过程中的结构特征及结构偏差等结构性因素对其就业吸纳能力的影响。主要得到以下几点结论。

（1）从全国总体看，流通业的发展已经成为促进就业增长的重要因素，流通业产值、流通业就业人数以及流通企业法人数的增加都将显著推动就业增长。流通业产值每增加 1 个单位，就业总人数增加 0.025 个单位；流通业就业人数每增加 1 个单位，就业总人数将增加 0.354 个单位；流通企业法人数每增加 1 个单位，就业总人数增加 0.008 个单位。

（2）东部和中西部地区流通业对就业增长的作用也在逐步增强，且东部地区流通业对就业增长的作用更强。但无论是东部地区还是中西部地区，流通业产值结构和就业结构均存在结构性偏离，导致流通业对就业增长的贡献还没有完全发挥出来。

（3）尽管流通业的发展已经成为促进我国就业增长的重要因素，但流通业对总体就业增长的影响还面临弹性不足的问题，流通业内部各行业发展不平衡、产值结构和就业结构的偏离以及流通企业规模结构不合理使得流通业还未能充分发挥出对总体就业的促进作用，导致其对就业增长的弹性较低。

根据上述结论，为缓解当前经济增速放缓和经济结构性调整所面临的就业压力，实现我国经济持续健康发展，必须高度重视并充分发挥流通业对就业增长的促进作用。由于流通业发展结构问题已经成为制约其就业效应的重要因素，因此，要更好地发挥流通业对就业增长的作用，必须把流通业的结构调整作为关键。为此，主要应做好以下几方面的工作。

（1）加大流通行业结构调整，更好地促进就业增长。流通业内部交通运输仓储邮政业、批发零售住宿餐饮业结构不合理，各行业产值结构和就业结构的偏离在很大程度上削弱了流通业对就业增长的促进作用。因此，在大力发展流通业的同时，更要注重通过流通产业内部行业结构的调整，以促进流通业整体就业吸纳能力的提高。一方面，要加大对交通运输仓储邮政业的发展和支持力度。目前以交通运输仓储等为代表的现代物流业的发展还相对较慢，产值比重还相对较低，因此，要加快交通运输仓储等物流业的发展，提高其产值比重，更好地发挥其在就业吸纳方面的作用，增强其吸纳就业的可持续性。另一方面，针对传统的批发零售住宿餐饮业就业比重和产值比重偏离的状况，要通过业态创新、技术创新、组织创新、模式创新等，形成新的增长点，拓宽就业渠道，最大限度地利用其就业吸纳能力，强化其就业吸纳功能。通过流通产业内部行业结构的调整，改变目前各行业发展的不平衡及产值结构和就业结构的偏离状况，增强流通产业整体的就业吸纳能力。

（2）调整流通企业规模结构，增强流通企业吸纳就业能力。流通企业规模结构不合理，也在一定程度上导致流通业的就业吸纳效应被限制和弱化。因此，要进一步调整和优化流通企业规模结构。一方面，要加强大型流通企业的培育，特别是中西部地区大型流通企业的培育。通过企业组织结构的调整，培育一批具有自主品牌和知识产权、主业突出、核心竞争力强的大型流通企业，鼓励具有竞争优势的流通企业通过参股、控股、承包、兼并、收购、托管和特许经营等方式，实现规模扩张，引导企业做大做强，发挥大型流通企业在吸纳就业方面的作用。另一方面，考虑到中小企业在吸纳就业方面的主体作用，要通过财政金融税收等政策积极扶持中小企业的成长和发展，提高中小流通企业的组织化程度，发展一批具有区域优势、以地方经营为特色的企业组织，大力发挥中小企业在吸纳就业方面的重要作用。此外，鼓励流通企业集聚发展，充分释放其潜在就业机会，增强就业吸纳能力。

（3）优化流通人才结构，强化流通业与就业增长的正向关联。流通业的发展不仅依靠劳动力投入的增加，更依赖于劳动者素质的提高，而且高素质的人才能够加快推动流通业发展升级，从而为更多地吸纳社会就业创造条件。因此，要加大人力资本投资，提高流通从业人员素质。一是引导高等院校、职业院校开设贸易流通专业，培养具有较强理论知识和应用能力的专业人才；二是加大政府支持力度，从财政、税收、信贷等方面鼓励各类社会培训机构采取多种形式开展人才培训，培养社会急需的各种层次流通人才；三是鼓励企业内部设立培训机构，通过甄选、培训、考核和辅导等形式帮助员工提高专业水平和业务技能；四是扩大现有流通从业人员的进修与培训范围，通过各种方式提高从业人员的专业水平和整体素质；五是建立畅通的人才流进渠道，加大引进国外优秀流通人才，通过提高流通从业人员素质，优化流通人才结构，形成流通业发展与就业增长的良性互动。

6　流通业的外溢效应及其实证检验

6.1　引言和相关文献述评

流通是连接生产和消费的重要环节，流通业以其引导生产、促进消费、具有较高的产业关联度，正成为国民经济的先导产业。流通业的发展状况已经成为衡量一个国家或地区经济发展水平和综合竞争力的重要标志之一。尽管 1992 年国务院颁布《关于加快发展第三产业的决定》之后，我国流通业实现了较快增长，但和同期整个国民经济以及制造业的增速相比，流通业的增长速度仍显得较为滞后。1993—2008 年，中国国民经济和制造业年均增长 9.1% 和 10.4%，分别高于流通业 0.2 和 1.5 个百分点①。2008 年我国流通业增加值占 GDP 的比重约为 16%，而发达国家这一比重通常为 20%。流通业增长乏力、效率低下似乎已经是不争的事实。在这种状况下，是否还应大力发展流通产业？如果仅从单一指标来看待这个问题，忽视了流通业对于经济发展可能存在的溢出效应，必然会使认识上产生偏差。事实上，流通业作为现代经济的先导性产业，不仅本身为国民经济创造增加值，而且还通过优化产业结构、加快经济流程、扩大国内需求、提高经济运行质量等方面，对国民经济发挥着巨大的间接贡献。这种外溢效应往往容易被忽视，因此造成长期以来"重生产、轻流通"的观念。

近年来，部分学者已经开始关注流通业的外溢效应。冉净斐（2005）对我国流通业推动经济增长的全部作用和外溢效应进行了实证检验，结果表明流通与经济增长具有正相关关系，但是流通业对经济增长的贡献只是通过增加劳动力的就业实现的，而且流通部门的边际生产力低于非流通部门的边际生产力。赵萍（2007）实证研究了流通业对国民经济的直接和间接贡献。研究表明，流通业的外溢效应对经济增长具有显著的推动作用，而且流通业的外溢效应使其在宏观经济中稳居基础产业地位；但由于流通体制和机制的制约，流通业对经济增长和社会发展的作用还没有充分显现出来。中国社会科学院课题组（2008）认为流通业的外溢效应对于提高国民经济运行质量、优化国民经济流程、调整国民经济结

---

① 根据《中国统计年鉴（2009）》计算得到。

构、扩大国内需求、增加社会福利等方面的影响能力，远远大于它所提供的直接贡献。赵凯和宋则（2009）构建了测度流通业对经济增长的影响力模型，对流通业在不同体制时段下的影响力和作用机理进行了分析与检验，发现流通业对经济增长的直接影响力低于其对经济增长的间接影响力。流通业同其他服务业一样，不仅存在可识别的直接影响力，而且存在更强烈、更巨大的间接影响力。宋则等（2010）进一步认为，流通业影响力可以缓解制造业产能过剩、优化制造业区域分工、促使制造业节能降耗、提升制造业国际地位、强化制造业创新能力，从而有助于制造业结构调整。王俊（2011）的研究结果表明，流通业的发展对制造业全要素生产率提升存在显著的外溢效应。此外，顾乃华（2005）通过构建一个反映产业间外溢效应的两部门模型，分析了服务业对工业产生外溢效应的机理，并利用统计数据进行了实证检验，结果表明服务业能够对工业发展产生显著的外溢效应，促进经济增长。

上述研究对于认识与把握流通业乃至服务业的外溢效应有着重要的理论和政策意义，但也存在进一步拓展的空间。首先，现有相关研究主要以单纯的计量检验为主，对流通业外溢效应的机理和机制的理论分析还很少，相应的理论框架和模型还略显不足。其次，从实证研究看，大多研究局限于对研究期间整体的研究，得到的结论仅适用于研究时期内，对流通业外溢效应的阶段性特征和变化趋势的反映相对不足。此外，在基础数据的选择方面，主要基于历年统计年鉴数据。由于历史原因，我国服务业存在核算性扭曲与制度性漏算，对此，国家统计局曾以经济普查数据为基础对历史数据进行了修订[①]。鉴于服务业数据核算问题的重要性[②]，采用修订数据对服务业及其相关细分行业的实证研究可能更为合适。因此，本章尝试在建立流通业外溢效应的理论框架基础上，利用修订的统计数据分阶段研究流通业的外溢效应，力求为全面评价流通业在国民经济中的作用提供更为具体的依据。本章的结构安排如下：6.2 节从理论上分析流通业对经济发展外溢效应的机制和形式；6.3 节是流通业外溢效应的数理模型，该部分在Feder（1982）的分析框架基础上，构建流通业对经济增长外溢效应的理论模型；6.4 节是流通业外溢效应的实证检验及结果分析；6.5 节是研究结论和政策建议。

---

① 第一次经济普查弥补了常规服务业统计的核算漏洞，获得了全面准确的服务业及其细分行业数据，并且国家统计局以普查数据为基础对历史数据进行了修订，这些成果反映在《中国国内生产总值核算历史资料（1952—2004）》中。

② 在第一次经济普查多出的 2.3 万亿元 GDP 总量中，第三产业增加值为 2.13 万亿元，占 93%，并将服务业增加值比重由 31.9% 上调到 40.7%，提高 8.8 个百分点，由此可见服务业核算问题的重要性。

6.2　流通业外溢效应的理论分析

在现代经济条件下，一系列的交换活动构成流通，流通过程为商品和服务的生产和消费提供了不可替代和名目繁多的服务，例如生产性服务和消费性服务，其载体就为流通产业。流通产业是商品流通的组织载体，主要是国民经济中与商品和服务贸易相关的产业部门，其外延包括批发、零售、物流、餐饮等服务行业。作为国民经济的一个重要组成部门，流通业不仅本身为经济创造增加值，而且还通过自身的溢出效应对经济发展产生了重大影响。

流通业的发展通过商流、物流、资金流、信息流的融合，连接生产和消费及其在媒介商品交换中产生的广泛的产业关联效应，对经济发展和其他产业的发展提供动力，有助于降低交易成本，提高交易效率。而且流通业的发展，有助于发挥市场配置资源的基础性作用，调整和优化经济结构，提高经济运行的效率。在这个意义上讲，流通业成为推动经济增长的重要动力，尤其在现代信息技术和管理理念在流通业中广泛应用的背景下，其所蕴含的经济增长效应不断凸显。流通业的上述作用可概括为"外溢经济效应"。其次，对于正处于经济体制转轨阶段的中国经济而言，流通业正承担着破除工业体制改革瓶颈、减轻改革阵痛的功能。即使在信息经济时代，流通业仍然属于劳动相对密集的产业，通过发展流通业，可以为安置工业释放出的剩余劳动力提供重要渠道。因此，评价流通业的意义，不能仅看流通业本身的经济绩效，还要考虑其承担的社会职能，流通业这方面的外溢效应可称为"外溢社会效应"。具体而言，对于正处于工业化中后期的中国转型经济而言，流通业的外溢效应主要表现为如下三种形式，前两种可归纳为"外溢经济效应"，第三种可归纳为"外溢社会效应"。

6.2.1　为其他部门的增长提供动力

对于经济发展和工业化而言，同其他服务业一样，流通业发挥着 Riddle（1986）所言的"黏合剂"的作用，充当着促进其他部门增长的过程产业角色，降低了经济运行的成本。在商品经济发展过程中，生产专业化和消费的精细化使得产销联系日趋复杂，只有通过流通及其主体才能增强产销关系的稳定性。一方面，分工深化和社会化生产使得生产部门更加专业化；另一方面，经济的发展和收入水平的提高使得消费者的消费更加多样化。这时，流通系统为生产部门和消费者之间产销联系的实现提供了通道，特别是流通部门与众多的生产企业和消费者发生联系，通过数量、批次和品种的协调形成一类产品稳定的产销联系，通过流通部门的过滤，可使影响生产和消费的不稳定因素相互抵消。相反，如果没有流通部门强化销售，就会出现积压和脱销并存的状况。

从整个过程来看，流通提供了一种必要的交易效率，降低了交易成本，提高了商品对消费者的有用性，同时也使生产者的利益得以实现。特别是流通部门采用先进技术和现代经营方式后，不仅可以使流通过程的效率大大提高，而且也使得生产过程和消费过程的效率大大提高。对于生产者和消费者而言，生产过程或消费过程在流通领域得以向前或向后延伸，表现为加工仓储、运输保管、包装装卸、售前售后服务等的数量在大量增加；同时，在生产到消费的实现过程中，向流通领域投入和获取大量信息，需要各种生产性、技术性和商业性服务，从而衍生出对这些服务的需求。通过对生产和消费日益深化的影响，流通业间接促进了相关产业的增长，成为其顺利发展的强大动力。从现实来看，流通业的发展，不仅带动了制造部门的增长，也带动了金融服务、房地产、科技服务、信息服务和其他第三产业的发展。赵德海和邵万清（2004）使用相关系数指标，从实证方面分析了流通业对其他产业的推动作用，结果表明，流通业与国民经济其他产业的发展具有高度相关性，流通业的发展对于其他产业部门的增长有着较强的推动作用。

6.2.2 调整和优化国民经济结构

经济发展必然伴随着经济结构的转换，结构转换能力已经成为一个国家和地区经济发展能力的主要决定性因素。经济结构转换的核心在于结构的优化升级。现代市场机制通过供需匹配、价格调节，具有天然的结构优化及效率改进功能。商品是市场经济的基础，媒介商品交换是流通业的最基本职能。流通业的高效运作可以有效发挥市场配置资源的基础性作用，调整和优化经济结构，提高经济运行效率。其主要表现在：竞争性的订单择优采购、订单择优销售机制，可以直接间接地优化产业结构，促进资源优化配置；储备信息调控储备商品，快节奏、精准化的采购销售和库存，高效率的物流、系统化的物流供应链，可以直接间接地优化经济流程，提高经济效益。因此，市场经济不论是作为资源配置的基础性作用，还是作为一切商品交换关系的总和，都是通过流通部门和流通环节实现的（宋则等，2010）。

进一步讲，流通体系的现代化程度与运作效率反映并决定了整个市场机制的成熟程度和运作效率，进而决定了整个经济系统的活力与效能。如果流通领域滞后，流通业竞争力低下，就会加剧流通不畅、周转缓慢、结构扭曲的局面，导致出现工农业销售困难、效益降低等问题，降低国民经济改革的速度和效益。而流通业的良性发展，能够从整体上促进经济循环，尽可能消除各种耽搁迟滞和资源浪费，加快经济节奏和资本周转，优化经济结构，促进国民经济从静态化、慢节奏、高成本、低效率向动态化、快节奏、低成本、高效率转变。总之，在现代市场经济中流通业具有调整国民经济结构、优化资源配置、提高经济效益的重要功能。作为从计划体制向市场体制转型的国家，中国同发达市场经济国家的最大区别在于流通产业和市场体系等传导产业、传导机制的缺失。因此，在运用财政、货币等宏观经济政策调整和优化经济结构的同时，更应强化流通业和市场机制的功能和作用，以提高经济运行的整体质量。

6.2.3　充当吸纳社会劳动力的渠道

同发达工业化国家已经建立起成熟的市场经济体制不同，中国正处于经济体制的转型时期。在这个特殊阶段，必然有着无法避免的社会问题。具体而言，随着经济体制的改革、经济结构的巨大调整，社会上必然出现大量的结构性失业人员，包括从工业、农业释放的剩余劳动力以及每年大量的新增劳动力。在社会保障体系不健全的条件下，由于社会责任的约束，很多企业无法解决冗余劳动力的安置问题，严重影响了其生存能力和赢利能力，致使行业整体效益难以提高。同时，每年大量新增劳动力也难以找到合适的就业岗位，不仅造成社会资源的损失，而且会带来严重的社会问题。由于社会保障体系的完善是一个长期过程，在短期内安置社会闲置人员，只有寄希望于不断创造新的就业机会。而流通业具有技术相对简单，工作时间、地点相对灵活等特点，从而决定了其具有很强的吸纳就业的能力。流通业的发展为社会吸纳劳动力提供了一个合适的渠道，从而解决了我国体制改革和结构调整中最为重要的瓶颈限制。

从实际情况看，1993—2008 年中国工业和农业吸纳的就业人数基本处于不断下降态势。而同期服务业吸收的就业人数一直在不断上升，共计吸纳新增就业人员 325 962 万人，其中流通业吸收的新增就业人员达 114 776 万人，占第三产业新增就业人员的 35.2%[①]。从劳动力份额看，长期以来，流通业的就业人数一直位居第三产业之首，说明和其他产业相比，流通业有着更大的就业吸收空间，并且由于流通业的发展对各相关产业具有一定的中间需求，从而带动了这些部门生产的扩张，引致相关产业大量的就业需求增加，从而对整个社会的就业产生了巨大的推动效应。由此可见，流通业通过解决社会就业问题所创造的溢出效应非常显著。

6.3　流通业外溢效应的数理模型

本节借鉴 Feder（1982）的两部门模型，将前一节的理论分析形式化。和

---

① 根据历年《中国统计年鉴》计算得到。

Feder 模型不同的是，这里并非将整个国民经济划分为出口部门和非出口部门，而是将其划分为流通部门和非流通部门。同时，假设流通部门使用资本和劳动力两种生产要素进行生产，非流通部门的生产要素除资本和劳动力外，还包括流通部门的溢出效应。用公式表示如下：

$$\begin{cases} Y = D + N \\ D = F(K_d, L_d) \\ N = G(K_n, L_n, D) \end{cases} \tag{6.1}$$

其中：Y，D，N 分别表示整个国民经济（包括流通部门和非流通部门）、流通部门和非流通部门的产出；K_d，L_d，K_n，L_n 分别表示投入到流通部门和非流通部门的资本和劳动力。由于我国流通业本身规模较小、发展较为分散、信息化水平低且具有劳动密集性等特点，因而难以形成规模经济和利用先进技术，这里暂且假设流通部门的效率比非流通部门低，即

$$\frac{F_K}{G_K} = \frac{F_L}{G_L} = 1 + \delta, \delta < 0 \tag{6.2}$$

其中：F_K，G_K 和 F_L，G_L 分别是流通部门和非流通部门资本和劳动力的边际产出；δ 是两部门之间相对边际生产率的差异，δ 小于 0 意味着流通部门的边际生产力低于非流通部门。

对式 6.1 的第一个分式两边求微分，并将式 6.2 代入，得到：

$$\begin{aligned} dY &= dD + dN \\ &= F_K dK_d + F_L dL_d + G_K dK_n + G_L dL_n + G_D dD \\ &= G_K(dK_d + dK_n) + G_L(dL_d + dL_n) + (\frac{\delta}{1 + \delta} + G_D)dD \end{aligned} \tag{6.3}$$

在假设国民经济只有两部门的前提下，总投资 $I = I_d + I_n = dK_d + dK_n$，由此可以得出：

$$dY = F_K I + F_L dL + (\delta + G_D)dD \tag{6.4}$$

将式 6.4 两边除以 Y，并令 $\alpha = G_K$，$\beta = G_L L/Y$，$\gamma = \delta/(1 + \delta) + G_C$，可以得到方程：

$$\frac{dY}{Y} = \alpha \frac{I}{Y} + \beta \frac{dL}{L} + \gamma \frac{dD}{D} \cdot \frac{D}{Y} \tag{6.5}$$

其中：dY/Y 代表产出增长率；I/Y 反映了投资相对于产出的比例；dL/L 表示劳动力增长率；dD/D 是流通业产出增长率，D/Y 为流通业产出相对于总产出的比例，$(dD/D)(D/Y)$ 可看作加权流通业增长；$G_C = \partial G/\partial D$ 用于衡量流通业对其他部门的溢出效应。如果产业间要素边际生产率相同（$\delta = 0$）或者不存在产业间的溢出效应（$G_C = 0$），则式 6.5 就转化为典型的新古典生产函数形式。

为了更好地研究流通业的外溢效应，假设流通业通过不变弹性影响其他部门产出，即 $N = G(K_n, L_n, D) = D^\theta H(K_n, L_n)$，于是式 6.5 可以转化为：

$$\frac{dY}{Y} = \alpha \frac{I}{Y} + \beta \frac{dL}{L} + \left(\frac{\delta}{1+\delta} - \theta\right) \frac{dD}{D} \cdot \frac{D}{Y} + \theta \frac{dD}{D} \tag{6.6}$$

从式 6.6 可以看出，一个国家或地区的经济增长不仅与资本、劳动力等生产要素的投入有关，而且与流通业的发展水平相关。具体而言，流通业对经济增长的影响渠道主要有两个：一是流通业对其他部门的溢出效应，即 $\theta(1 - D/Y)(dD/D)$；二是流通业低效率的负面效应，即 $[\delta/(1+\delta)](dD/D)(D/Y)$。上述方程加上常数项和服从经典分布的随机误差项，就构成了本章的实证回归模型。

6.4 数据说明与计量结果

6.4.1 数据及变量选取

本章采用中国大陆各省市 1993—2008 年的面板数据进行实证检验，样本包括除西藏以外的所有省份。之所以未包括西藏，主要是因为该地区缺少数据的年份太多。此外，由于历史数据无法分拆，重庆被合并到四川省进行分析。为同 Feder 模型截面分析的原则相协调，把时间区域划分为 1993—2000 年、2001—2008 年两个时段，从两个时间段对比研究流通业在不同时期内的外溢效应，也有助于反映我国经济发展的阶段性特征。这两个时段的 I/Y，D/Y 取 6 年算术平均值，dY/Y，dL/L，dD/D 这三组反映增长率的数据则按照几何平均法进行计算。

实证分析中 Y、D 分别用国内生产总值、流通业增加值表示。根据本书对流通业的界定，流通业增加值包括交通运输仓储邮政业和批发零售住宿餐饮业增加值的总和。由于长期只重视物质产品生产及采用物质产品平衡表体系（MPS），中国服务业核算一直是薄弱环节，产出的低估和漏算非常严重。第一次经济普查弥补了常规服务业统计的核算漏洞，获得了全面准确的服务业及其细分行业数据。因此，与第三章和第四章的研究相似，本章仍然选用《中国国内生产总值核算历史资料（1952—2004）》中经过普查修订的统计数据进行实证研究。1993—2004 年国内生产总值、流通业增加值数据取自《中国国内生产总值核算历史资料（1952—2004）》，2005—2008 年的数据取自《中国统计年鉴（2006—2009）》。为保证可比性，按照相应的平减指数统一折算成 1993 年可比价。I 用全社会固定资产投资表示，数据来源于历年《中国固定资产投资统计年鉴》和《新中国六十年统计资料汇编》，并根据各省固定资产投资价格指数折算为 1993 年的价格水平。L 用各省年末从业人员数表示，数据取自历年《中国统计年鉴》。

6.4.2 实证结果分析

利用计量软件 Eviews 6.0 对上述回归方程进行估计,实证估计结果如表 6.1 所示,下面对回归结果予以分析和讨论。

表 6.1　模型估计结果

变量	1993—2000 年		2001—2008 年	
	系数	t 检验值	系数	t 检验值
C	0.047***	2.509	0.043***	3.067
I/Y	0.226	0.973	0.246*	1.953
dL/L	0.039*	1.518	0.020	1.484
$(dD/D)(D/Y)$	0.917	1.374	1.484**	2.047
dD/D	0.153*	1.611	0.328*	1.590
$Adj-R^2$	0.301		0.608	
$D-W$ 值	2.078		2.126	

注:*,**,***分别表示在 10%,5% 和 1% 的水平下变量显著。

(1)初级要素投入对经济增长的作用较小。1993—2000 年,投资产出比 I/Y 前的系数为 0.226,但未能通过 10% 的显著性检验。2001—2008 年 I/Y 的系数为 0.246,并且在 10% 的水平上显著,这意味着资本产出比每提高 1 个百分点,能促使总产出增长 0.246 个百分点。1993—2000 年,dL/L 前的系数为 0.039,并且通过了 10% 的显著性检验,这意味着劳动力每增加 1 个单位,将使总产出增长 0.039 个百分点。2001—2008 年 dL/L 的系数为 0.02,但不能在显著性水平上拒绝系数不为 0 的假设,说明增加劳动投入对经济增长的贡献非常微弱。这可能与我国不断深化的经济体制改革而导致排挤出大量隐性就业人员、促使劳动力供给过剩日益严重有关。Feder(1982)也指出,当样本国在考察期内存在劳动力供给过剩状况时,dL/L 的系数可能不显著。尽管在两个时间段内,个别估计系数在 10% 的水平上不显著,但从其绝对值的大小差异,仍可以粗略地得出结论,资本投入对我国经济增长的拉动作用远大于劳动力的作用。这和转型期我国经济资本有机构成不断提高、技术趋势由劳动密集型向技术密集型转变的客观现实是比较吻合的。

(2)流通部门对非流通部门的外溢效应明显。在两个阶段的回归方程中,dD/D 的系数均显著为正,表明流通业确实能够对非流通部门产生溢出效应。具体来说,两个时间段的系数分别为 0.153 和 0.328,表明在 1993—2000 和 2001—2008 年,流通业增加值每增长 1 个百分点,通过溢出效应可分别带动非流通部门增长 0.153 和 0.328 个百分点。将该系数代入前文所示的外溢效应计算公式，可计算出以整体经济增长水平表示的外溢效应值。假设流通业增加值占 GDP 的比重为 16%，那么在 1993—2000 年和 2000—2008 年，流通业每增长 1%，通过发挥对非流通部门的溢出效应，大约可以促使整个经济分别增长 0.3 和 0.565 个百分点。流通业作为国民经济的一个组成部门，其本身不仅可以为国民经济创造增加值，而且可以通过外溢效应带动其他部门的增长、优化经济结构、吸纳社会就业等多种形式促进经济增长，这里的实证结果验证了前文的理论分析。此外，分阶段估计结果还显示，随着我国市场经济体制改革的不断深入，流通部门的作用日益得到更大程度的发挥，从而对非流通部门和经济整体的溢出效应日趋明显。

（3）流通部门的效率确实低于非流通部门。将加权流通业增长 $(dD/D)(D/Y)$ 和流通业增加值增长率 dD/D 的系数代入前文给出的计算公式，可以计算出流通部门和非流通部门要素边际生产率的差值 δ。由于 1993—2000 年的回归结果中加权流通业增长的系数未能通过显著性检验，因此不能为这一结论提供数据支撑。但是，2001—2008 年流通业增长的系数通过了 5% 的显著性检验，可以算出 δ 的平均值为 -2.23，这意味着这段时期在投入同等资本和劳动力的情况下，非流通部门的产出是流通部门的 2.23 倍。这也说明，流通部门的生产率低于非流通部门。可能的原因是：长期以来，我国流通业规模较小且发展较为分散，难以实现规模经济；技术水平不高，流通信息化和现代化水平与经济发展水平不相适应；此外因流通产业本身劳动密集的特点，不利于大规模采用先进技术。因此，流通部门与其他产业部门相比，生产效率相对较低。这种较低的边际生产率显然不利于流通业溢出效应的发挥。但随着我国流通信息化和现代化步伐的加快以及流通业发展方式的转变，可以预期流通部门和非流通部门的效率差距将日益缩小。

综合以上分析，可以发现，尽管流通部门的生产效率低于非流通部门，但流通业对国民经济其他部门确实存在较强的溢出效应。并且，随着这种溢出效应的增大，其对经济增长的贡献度也越来越大。既然存在流通部门对非流通部门的溢出效应，那么在制定和评价政府产业政策时，显然不能将流通部门和非流通部门割裂开来，仅测度它们自身的增长率，并以此作为制定和评判标准。而如果片面地以生产率指标作为衡量标准，就会致使得到的结论产生偏差。以往"重生产、轻流通"以及质疑将流通业作为发展重点的观念①，究其原因，正是由于忽视了

---

① 例如，在我国提出走新型工业化道路，强调一、二、三产业协调发展的时期，一些流通学者提出大力发展流通产业，把流通产业作为先导产业、基础产业；也有一些经济学家指出，要防止"离制造业""制造业空心化"的倾向（冉净斐，文启湘，2005）。

不同产业在经济运行中的不同作用以及经济变量之间的相互影响关系，从而低估了流通业对经济增长的贡献度。流通业本身作为一个服务部门规模较小，在国民经济中所占比重较低，但是能通过提供其他产业增长的动力、调整和优化国民经济结构以及充当吸纳社会劳动力的主要渠道等多种形式，对经济增长发挥巨大的间接效应。因此，在产业政策的制定和实施过程中，应该高度重视流通业在国民经济中的重要地位和作用，把流通业作为基础和先导产业加以重点规划和发展。

6.5 本章结论和启示

本章分析了流通业外溢效应的内在机理，并在理论分析的基础上，构建了一个反映产业间外溢效应的两部门模型；同时利用1993—2008年中国省际面板数据对此进行了实证检验，探讨了流通业的外溢效应及其对政府制定产业政策的含义，主要得到以下结论。

第一，作为国民经济的一个重要组成部分，流通业不仅本身为经济创造增加值，而且通过为其他部门增长提供动力、调整和优化经济结构以及充当吸纳社会剩余劳动力的渠道，能够为经济发展产生显著的溢出效应，促进经济增长。

第二，流通业对经济增长具有显著的外溢作用。1993—2000和2001—2008年，流通业增加值每增长1个百分点，通过溢出效应可分别带动非流通部门增长0.153和0.328个百分点。通过发挥对非流通部门的溢出效应，大约可以促使整个经济分别增长0.3和0.565个百分点。

第三，流通部门的边际效率低于非流通部门，这种较低的边际生产率不利于流通业外溢效应的发挥。由于存在流通部门对非流通部门的溢出效应，因此在制定和评价政府产业政策时，不能仅以流通业自身的效率作为评判标准，还必须考虑到流通业的外溢效应。在产业政策的制定和实施过程中，应该高度重视流通业在国民经济中的重要地位和作用，把流通业作为基础和先导产业加以重点规划和发展。

根据上述结论，流通业对经济发展存在较强的外溢效应，并且流通部门的效率较低制约了其外溢效应的发挥。要提高流通业效率，更好地发挥流通业的外溢效应，应该着重做好以下几方面的工作。

（1）继续深化流通业体制改革。建立起能够充分发挥市场机制在国家宏观调控下对资源配置起基础性作用的商品流通体制。各种生产资料和生活资料完全实现商品化和市场化，能够按照价值规律和市场供求合理流通，形成城乡市场协调发展、国内外市场有效衔接的统一开放、竞争有序、高效畅通的流通格局。深化我国流通业体制改革应包括如下几方面内容：一是建立商品价格的形成机制和运行机制主要由市场决定的体系；二是建立以市场为基础、政府适度干预的重要商品流通管理体系；三是深化国有商业企业改革，推进现代企业制度建设，完成国有流通企业的经营机制转变和组织结构调整，培育一批农工商、产供销一体化的商贸集团和贸易、生产、科技、金融、服务等功能相融合的具有较强国际竞争力的跨国集团；四是完善、规范交易行为和保障市场秩序的法律体系，形成有效的市场检测、监管和调节系统；形成内外贸结合、国内外市场有效衔接的大市场、大流通、大贸易的格局；五是形成具有多种功能和自律机制的市场中介组织体系。通过深化流通体制改革，提高市场化水平，为我国流通业的发展提供良好的体制环境。

（2）扩大流通业对外开放。流通领域对外开放对加快我国流通业的发展、提高流通业效率能够起到积极的推动作用，主要表现在：外资的进入有利于国内流通业的重组整合，实现流通业的跨越式发展；有利于我国流通企业吸收国外先进技术和经营管理经验，能够促进我国商业企业经营机制的转变；扩大我国商品的出口，提高国内供应商的管理水平；有利于转变政府管理职能，扩大国家调控商品市场的空间。但不可忽视的是，流通业对外开放不仅对我国商品流通管理体制、效率水平提出了更高要求，而且由于外资在经营、管理、组织等方面优势明显，常常导致工商矛盾、渠道冲突等一系列问题，在一定程度上影响国内流通业的健康有序发展。这就要求我国流通业在全面对外开放的同时，确保产业安全，警惕外资的副效应，提高适度保护的有效性。此外，扩大流通业的对外开放还要求在国际市场中充分发挥我国流通业的影响力，推动商业资本走出去、实现其国际化，切实改变中国商品输出庞大而商业资本输出弱小、商品贸易和服务贸易失衡的状况。

（3）推进流通领域的信息化和现代化。一是充分发挥信息技术的重要作用，提高流通业的技术水平和创新能力。在政策层面引导信息通信技术的投资，加快信息系统建设及其在商业领域的应用，改变流通领域技术含量低的状况，建立低成本、高效率的现代流通体系；同时鼓励和支持流通企业加大研发投入，开发具有自主知识产权的核心技术和知名品牌，加快流通领域的技术创新，推动流通技术的持续升级与扩散，增强产业的竞争力和可持续性。二是运用现代信息技术和经营管理模式改造传统流通业，提高技术含量和经营效率。大力发展以连锁经营、现代物流、电子商务为代表的现代流通方式和服务模式。以规范化管理、规模化经营和标准化服务为核心，提高连锁企业的经营管理水平，加强连锁企业内部物流配送中心的建设和管理；鼓励生产资料分销企业完善服务功能，整合物流资源，推动第三方物流的发展；加强商贸流通体系基础设施建设，积极发展电子商务，鼓励传统产业、有形市场、连锁经营、现代物流与电子商务相结合的发展模式。

7 流通业对制造业的外溢效应及其渠道

7.1 引言和相关文献述评

流通业作为一个重要的服务产业部门，具有衔接生产和消费以及较强的产业关联波及影响，在经济发展中发挥着越来越重要的作用，正成为国民经济的先导产业。从流通业和制造业发展的内生过程看，流通业不仅仅通过拓展工业内部分工体系得以发展，而且在其自身发展过程中，凭借信息和专业化优势引导、协调生产，对制造业的发展产生积极影响。尤其随着现代流通业的发展以及现代商贸服务在生产过程中参与程度的不断提高，其生产性服务功能日益凸显，并对制造业的发展和效率提升产生积极的外溢效应。尽管我国已经是制造大国，但还不是制造强国，制造业还面临生产效率不高、产品附加值较低、国际竞争力不强等问题。联合国工业发展组织 2013 年工业发展报告显示，我国制造业劳动生产率仅为美国的 4.4%、日本的 4.1%、德国的 5.6%。由于长期被锁定在价值链低端，我国工业增加值率仅在 26% ~ 30%，低于发达国家 6 ~ 8 个百分点[①]，可见，制造业的发展水平和竞争力还有待进一步提升。因此，在我国制造业转型升级的关键时期，积极发挥流通业对制造业的外溢效应促进制造业发展升级、增强制造业竞争力是值得关注的重要理论和现实问题。

国外大量研究表明，分工深化、生产专业化和生产迂回程度的增加导致了服务的中间需求迅速增长（Grubel & Walker，1989；Francois et al.，1996），由此构成了现代商贸服务参与生产过程的通道，促进了制造部门的增长和生产效率的提高（Raa 和 Wolff，2001；Guerrieri 和 Meliciani，2005；Wolfmayr，2008）。国内学者也从不同层面对流通业与制造业发展的关系进行了研究。宋则和赵凯（2009）认为，商贸流通服务业对经济增长具有重要的间接影响力，仓储、交通运输等流通部门通过加快经济节奏、优化经济流程等对第二产业发挥了强大的促进作用。宋则（2010）等进一步研究了流通业影响力对于推动制造业结构调整的作用，认为流通业的发展能够缓解制造业产能过剩、优化制造业区域分工、促使制造业节能

---

① 数据来源于国家信息中心和中宏网统计数据库。

降耗、提升制造业国际地位、强化制造业创新能力。袁建文（2009）的实证研究表明，工业与流通产业发展之间具有长期稳定的均衡关系，流通产业的发展带动了工业增长。刘向东和石杰慎（2009）研究认为，我国流通业在工业化发展中具有明显的生产性服务业的产业特征，流通业承担着商品流通渠道、服务工业发展的功能。中国社科院课题组（2012）也认为，现代流通业具有深刻的生产性服务功能，许多流通企业在传统的劳动密集型产业和技术工艺复杂的技术密集型产业的全球生产网络及价值链创新中处于主导地位。王俊（2011）实证检验了流通业发展水平对制造业全要素生产率的影响，研究表明流通规模的扩大显著促进了制造业全要素生产率的提升。赵霞和徐永锋（2012）实证检验了流通业对制造业效率的影响路径，结果显示流通业的发展有力地促进了制造业效率的提升。丁宁（2013）实证研究了流通创新对制造业全要素生产率提升的绩效，结果表明流通技术进步和组织创新对制造业全要素生产率的提升具有明显的促进作用。

上述文献从不同视角、运用不同方法研究了流通业对制造业发展的积极影响。然而，现有研究仍以描述性或计量检验为主，缺乏必要的理论基础。相关实证研究主要验证了流通业对制造业发展和效率提升作用的存在性，基本都没有分析这种外溢效应受到哪些因素的影响和支撑，因而衍生出的政策含义中也就无法回答如何增强流通业对制造业效率提升的促进作用。基于此，本章拟结合相关经济理论，基于全国省际面板数据，利用随机前沿生产函数模型，检验流通业对制造业外溢效应的存在性，并重点分析影响这种溢出效应的关键因素，从理论上揭示通过怎样的渠道和路径可以推动流通业对制造业效率提升的外溢作用，以弥补相关研究的不足，为制订更为合适的政策促进流通业的发展和推动制造业转型升级提供政策建议。本章的结构安排如下：7.2 节基于分工理论和价值链理论等经济理论，提出流通业对制造业外溢效应的理论框架，并将其具体化为若干假说；7.3 节对随机前沿生产函数模型的设定、变量及数据选取予以说明；7.4 节是实证检验及结果分析；7.5 节是研究结论和政策建议。

7.2 理论分析和基本假说

7.2.1 分工、价值链整合与流通业的外溢效应

对于经济发展和工业化而言，现代流通业发挥着 Riddle（1986）所言的"黏合剂"的作用，充当着促进其他部门增长的过程产业角色，降低了经济运行的成本，提高了经济总体的生产效率。具体而言，流通业对制造业的外溢效应可以从宏观和微观两个视角予以解释，分别对应于分工专业化理论和价值链理论。

　　从分工和专业化视角研究流通业对制造业效率提升的影响，实质是从宏观经济增长视角，关注这种外溢效应对于制造业发展效率提升以及整个经济增长的作用。根据古典经济学派的分工理论，流通业的发展本身就是分工深化、专业化程度提高的表现。随着工业的发展和技术进步，社会分工日渐深化，商业（服务业）在协调生产和降低交易成本中的功能日益凸显，而流通业作为一个产业逐步从工业分工体系中独立出来，在国民经济中发挥着重要的"黏合剂"功能。Shelp（1984）认为农业、采掘业和制造业是经济发展的基石，而服务业则是把它们粘合起来的灰泥。Riddle（1986）也认为服务业是促进其他部门增长的过程产业，是经济的黏合剂，是便于一切经济交易的产业，是刺激商品生产的推动力。实际上，从流通业通过拓展工业分工体系所实现的内生发展过程也可以看出，流通业和制造业之间是深度关联和互动融合的，流通业能促进生产过程中相关环节的整合，其内涵就是由商贸服务活动的介入和引导衔接形成的一个紧密黏合的生产网络，从而促进制造业的发展和整个社会经济财富的快速增长。

　　尤其是，随着现代流通业的发展以及现代商贸服务在生产过程参与程度的不断提高，其生产性服务功能日益凸显。格鲁伯和沃克（1989）运用奥地利学派的迂回生产学说论证了生产性服务对于工业生产的重要性。他们认为，生产性服务实质是迂回生产过程，它通过增加生产步骤，扩大中间投入的数目，将专业的人力资本和其他资本导入生产过程，从而大大提高了最终产出。薛立敏等（1993）也认为，生产性服务提供知识及技术，使生产迂回程度增加，生产更加专业化、资本更加深化，并提高了生产要素的生产力。现代流通业具有深刻的人力资本内涵（如企业家、促销人员、技师、软件工程师），其大规模引入信息技术改变了传统流通业的资本—劳动比，提升了知识和人力资本在产品与服务中所占的比重，使流通业由传统的劳动密集型转化为技术知识密集型产业（徐从才和丁宁，2008）。随着分工深化、生产专业化和生产迂回程度的增加，衍生出更多运输、仓储、采购、销售服务等方面的中间需求，由此构成流通业的技术、知识资本参与生产过程的通道，促进了制造部门的增长和生产效率的提高。而且流通主体、客体、环节、渠道、营销方法等系统性变革，也使得商贸流通业衍生出更多面向制造业的生产性服务内容，通过满足生产性服务需求实现对制造业的促进与引导，最终节约了供应链协调的交易成本，加速了产品价值实现和资本周转，并提升了制造部门的运行效率（宋则等，2010）。

　　以上从宏观经济视角阐述了流通业对制造业产生影响的渠道，下面关注这种外溢效应产生的微观机制。

　　企业是市场经济的主体，要揭示这种外溢效应产生的微观机制，就需要从企业视角出发，从企业的动机和行为入手。价值链理论是研究制造企业服务外包需求和动机的常见思路。根据价值链理论，企业的生产经营活动可以被看作一系列连续的价值创造过程，从基本的原材料采购到研发设计、生产制造、产品销售等，其总和构成企业的价值链。显然，以物流配送、批发采购、销售服务等为代表的商贸流通服务，是企业价值链中不可或缺的环节。制造企业可以自建批发和零售部门、物流运输基础设施等，也可以通过外购方式，从外部市场获取这些专业化服务。Coffey 和 Drolet（1996）认为，每个企业都面临"做或买"的重要战略性决定，它影响到企业成本结构、生产和组织模式以及可能的区位乃至经济的结构。当企业发现从外部市场购买比从内部提供更有利可图时，就倾向于通过垂直分解，把相应的商贸服务环节外部化，由此衍生了对商贸服务的外包需求。当然，在承接制造企业商贸服务外包的过程中，在规模效应、学习效应和专业化效应的作用下，商贸流通业本身也在不断发展壮大。

企业选择商贸服务外包的深层次动因在于，企业自身资源和能力的有限性以及对于外部环境的不确定性。在价值链分析过程中，Porter（1998）认为，企业创造价值的过程可以分解为一系列互不相同但又互相联系的增值活动，如设计、生产、销售等。但实际上，并非价值链上的每个环节都能创造价值，价值创造来自于某些特定的活动，即战略环节。企业的竞争优势实际上就是企业在价值链上某个特定战略环节上的优势。企业能力理论认为，企业并不仅仅是新古典经济学所认为的将投入转化为产出的"黑箱"，而是各种资源的集合体。企业在生产过程中将各种有形和无形资源转化为独特的能力。但企业自身对于价值链各环节的驾驭能力是有差异的，因而其资源和能力应该被集中于价值链优势环节。而商贸流通业的发展有助于制造企业更加关注价值链的核心环节，从而降低生产成本和风险，最终提高制造业竞争力（Corsten 和 Kumar，2005）。Eswaran 和 Kotwal（2002）也指出服务部门的扩张能够有效降低投入到制造业生产过程的中间服务的成本。特别是在信息技术经济时代，市场竞争的加剧和市场的不确定性，促使企业更需要将资源和能力集中在价值链上的特定优势环节，并积极整合外部资源从事生产，从而降低生产成本和风险，提高企业竞争力。制造企业为了适应多变的市场需求而将原本置于企业内部的服务活动外包，许多大型零售商凭借自身优势成了承接制造企业外包服务的重要主体（丁宁，2009）。

综合上述分析，流通业对制造业产生外溢效应的形成机制源于分工深化和生产专业化的不断深化，流通业的发展会加强制造企业利用外部资源的能力和整合价值链的动机。在这一动机下，制造企业选择商贸服务外包，从而企业的资源和能力就能够被集中于价值链优势环节，从而降低生产成本和风险，最终促进制造业效率和竞争力的提升。在上述机制下，流通业在满足制造企业商贸服务外包需求的过程中，随着外包数量和种类的增多，在规模效应、学习效应和专业化效应的作用下，其自身的发展水平也在不断提高，同时分工也更加细化和专业化，服务质量不断提高，提供服务所需要的成本也在不断降低，进而又会推动制造业效率和竞争力的提升。很明显，以上所刻画的是一个正向反馈机制，它需要完善的制度环境支撑，否则这种正向反馈不仅有可能被削弱、终止，甚至可能向相反的方向上发展，出现商贸流通业和制造业的发展相背离的局面。因此，在研究流通业外溢效应对制造业的影响时，不仅要考察净的溢出效应，而且要研究产生这种溢出效应的条件。

7.2.2 影响流通业外溢效应的条件分析

7.2.2.1 流通业的专业化发展水平

商贸流通业凭借在运输仓储、销售服务等方面拥有的分工优势，能够为工业生产过程提供专业化的商贸服务。在这样的背景下，商贸服务外包和流通业分工优势的发挥使得制造业的发展和效率得以提升，从而产生积极的外溢效应。可见，专业化分工水平是影响流通业对制造业产生外溢效应的前提条件。分工是人类社会经济领域中，为了进行合理的劳动而使劳动专业化的过程。具体而言，分工即劳动的分割，就是将一组完整的生产活动分割成若干不同的组成部分，将原来一个人或单个组织的生产活动中包含的不同职能的操作分开进行。分工深化必然导致生产的专业化，而生产专业化的发展，也会进一步促进社会分工的不断深化。从传统的自然分工到社会分工，随着分工的日益深化和更加精细化，专业化分工效率也得以不断深化。人类社会第三次大分工将商业从生产领域中独立出来，商业活动以其专业化的渠道、社会、人才、管理，通过专业化、规模化活动，为生产企业提供服务，缩短了生产—流通时间，增加了产品价值，这充分证实了分工的优势效率与规模效率（杜丹清，2011）。

专业化分工不仅实现了分工效率，而且是流通业内涵的资本、技术、知识等要素融合生产过程的渠道。现代流通业具有典型的技术和知识密集型的产业特征（徐从才和丁宁，2008），通过专业化分工，现代流通业在生产过程中充当着人力资本和知识资本的传送器，它通过提供更为专业的劳动力和更加成熟的技术，使得生产迂回程度增加，生产更加专业化，并且提高了资本、劳动和其他生产要素的生产力，最终提高了整个制造业的生产效率和竞争力。并且，现代商贸服务作为制造业生产过程中的中间投入要素，在满足制造企业商贸服务外包需求的发展过程中，流通业自身的规模和专业化水平也在不断提高。随着流通规模的扩大和专业化水平的提高，会产生显著的规模效应、学习效应和专业化效应，使得提供服务的成本不断降低，效率不断提高，从而产生积极的生产性服务绩效。分工深化与专业化的不断深化，还意味着流通业的分工更加精细化，其内涵的知识、技术要素越来越多，这些高级要素不仅降低了提供服务所需要的成本，而且通过流通业的外溢效应导入生产体系中，大大提高了制造业的效率和竞争力。基于以上分析，提出待检验假说1。

假说 1　流通业的专业化发展水平与其对制造业的外溢效应正相关。

7.2.2.2　制造企业规模及其价值链整合能力

商贸服务外包本质上是制造企业利用外部资源和能力整合企业价值链的动态过程，企业规模的大小和其价值链整合能力密切相关，因而制造企业规模对商贸服务外包行为也会产生影响，从而影响到流通业对制造业的外溢效应。一般而言，大企业的价值链整合能力较强，因而将商贸服务外包的动机也就相对较弱。而且，随着市场竞争的日趋激烈，生产制造环节的利润日益减少，研发销售等环节的利润不断提高。研发设计的灵感来源于对消费趋势的把握，终端销售和服务的利润则体现在多层次的流通领域（宋则等，2010）。据此可以初步推断，为了获取更大的竞争优势和更高的利润，规模越大的制造企业，可能越不倾向于将商贸流通服务环节外包。事实上，工业企业服务化趋势日益明显，越来越多的大型制造企业如 IBM，GE，GM 等世界级企业均实施了服务拓展战略，即不再是单一地生产产品，而是通过提供服务来增加其核心产品的价值，提供给顾客包括"商品、服务、支持、自我服务和知识"的服务包（service bundles），为客户提供一揽子解决方案。而中小企业的资金实力、人员素质乃至管理能力一般都不如大企业，价值链的整合能力也就相对较弱。但中小企业一般具有反应能力更敏捷、善于捕捉市场机会等优点，这也使得其在整合利用外部资源和能力上占有更多的比较优势。因此，中小企业更可能将相关商贸服务外包，通过寻求外部资源和要素进行生产。事实上，在市场经济成熟的国家和地区，大量中小企业通过服务外包重组自身价值链，使自身资源和能力与价值链各环节相匹配，也是非常普遍的生产组织方式。

上述分析表明，大型制造企业自身的规模和资源优势决定了其价值链整合能力较强，再加上商贸服务环节的重要性，因而倾向于自建仓储、物流、销售、服务体系，对外部专业化、市场化的商贸服务需求相对较小。而中小企业由于自身资源和能力所限，因而对价值链的整合能力较弱，所以更加倾向于通过外部市场获取专业化的商贸服务。但无论是大型工业企业的服务化趋势，还是中小企业的服务外包模式，从企业自身角度来看，都是对于外部市场环境和竞争状况的反映，目的都是以最低的成本获取最大的竞争优势。但由于现行统计体系中，只有独立于工业企业之外的由外部市场提供的服务才被纳入统计范围，因而在这种情形下，预期工业企业服务化趋势将对流通业对制造业的外溢效应产生负向影响。就我国的现实状况而言，流通业发展水平相对有限、市场机制的建设还不完善、法律制度以及整体商业环境的培育还不成熟等因素，也容易导致规模较大的企业自设运输仓储、物流配送、采购批发、销售服务等商贸流通部门，自营商贸流通服务。基于以上分析，提出待检验假说2。

假说2　制造企业的规模与其对制造业的外溢效应负相关。

7.2.2.3　制度环境

对于大多数服务业而言，服务的生产和交易涉及密集和复杂的契约安排。不完全契约理论认为，由于契约的不完全性，事前的专用性投资无法写入契约或无法向第三方证实，在事后的再谈判过程中投资方就会面临被"敲竹杠"（hold up）的风险。因此，在服务产品的交易过程中更需要有外部力量来保护契约的执行，即制度因素在流通业与制造业的契约交易中具有非常重要的作用。制度作为社会的博弈规则，是人类设计的制约人们相互行为的约束条件，它定义和限制了微观个体的决策集合。根据制度经济学理论，制度可以是非正式的约束（如社会规范、惯例、道德），也可以是有意识设计或规定的正式约束，包括政治规则、经济规则等。就经济行为而言，政策环境所带来的经济规则是最核心的制度构建。经济规则是用来界定产权，即使用和处置经济资源并从中获取效用或收益的权利束。顾乃华（2010）认为，在服务业与制造业互动发展层面，经济规则是最核心最可构建的制度。我国改革开放以来经济高速发展的背后，即伴随着经济的非国有化、提高经济的开放程度、实行财政改革等制度变迁过程，尤其是以经济的非国有化和对外开放为代表的市场化制度变革的影响最为直接。丁宁等（2014）也强调了制度因素在流通业对制造业效率提升外溢效应中的作用。

市场化所带来的制度变革和政策调整必然影响到流通业对制造业产生的外溢效应。一方面，市场竞争的加剧会促使制造企业不断寻找更优的生产组织方式，从依靠物质资源消耗等刚性投入、单纯规模扩张的增长方式转向依靠知识和创新等柔性资源投入，不断提高产品附加值和更加注重发展内涵的方式转型。但目前，我国工业企业自设的采购、库存、储运、销售机构导致对于专业化社会化的商贸服务需求不足。据统计，历年社会消费品零售总额和工业生产资料投资品销售总额中，工业企业平均自采自销的比重高达70%；在社会总产品中，工业生产资料占75%，工业品物流总值占社会物流总值的85%，工业产品的市场流通绝大部分是在工业企业之间直接进行的（宋则等，2010）。我国制造企业商贸服务外包需求不足，部分原因在于竞争环境和自身素质，特别是国有及国有控股企业，由于劳动用工体制僵化、业务调整和人员精简面临的高昂成本，导致商贸服务外包需求不足。另一方面，由于长期以来"重生产、轻流通"的观念，导致流通业在经济发展中的作用被大大低估，市场配置资源的基础性作用大大减弱，其结果是流通业创新不足，经营效率低下，供给能力的扩张受到制约，这也在一定程度上抑制和削弱了制造业外包商贸服务的内在动力。因此，完善市场竞争机制，提高市场配置资源的效率，是保证商贸服务供需双方形成稳定预期，从而促进流通业对制造业效率提升作用的重要条件。基于以上分析，提出如下待检验假说3。

假说3 制度环境的完善程度正向影响流通业对制造业的外溢效应。

7.2.2.4 技术因素

信息技术的应用可以有效改善服务过程中的信息传递，降低服务的不确定性，改进服务质量，从而提高服务业的生产率（任英华和王耀中，2008）。光纤通信和数字通信技术的发展，扩展了传输频带，增加了通信容量，同时降低了通信损耗，提高了通信质量，降低了通信成本。互联网的出现和发展，则进一步将全球的生产和交易融合在一起。物联网、云计算等新一代信息技术的发展和应用，加快了企业经营模式的创新，推动了服务向网络化、智能化方向发展，为商品和服务贸易的发展提供了有力支撑。Cachon（2000）、Lode（2002）认为，广泛采用的信息技术使得流通企业在销售服务方面拥有专业化优势，流通企业借助信息技术可以为制造企业产品升级和产销衔接提供有力支持。Lau和Zhang（2006）的研究表明，促进制造业物流外包的主要因素之一就是物流服务提供商的信息化水平和综合服务能力。丁宁（2010）认为，要通过加强流通信息技术投入和信息化建设，更好地发挥流通业对制造业的生产性服务绩效。

在流通业发展过程中，现代信息技术的发展和应用已经成为降低流通成本、提高流通效率、增强流通服务能力的重要支撑。在信息技术的应用方面，物流运输企业运用信息技术对经营过程中产生的全部或部分信息进行采集、分类、传递、汇总、识别、跟踪、查询等一系列处理活动，以实现对货物流动过程的控制，从而降低物流成本、提高物流效率。在云平台技术创新方面，通过云平台，零售企业能够更广泛、更有效地进行商品检索和数据整理，批发商能够向更多的零售商高效率地提供商品信息，以实现供应链管理的高效化和便利化，并增加消费者的利益。在物联网的发展创新方面，物联网的发展能够帮助解决终端信息不透明、不及时的障碍，有效降低渠道管理成本，加速流通企业内部以及企业与渠道之间的信息化、一体化进程。总之，现代信息技术的发展及其在流通业的广泛应用，使得流通业在商品销售自动化、信息流通标准化、商品选配自动化、商品流通自动化和标准化等方面的水平大大提高，有效提升了流通业的服务效率和能力，为制造业的发展和效率提升创造了条件。基于以上分析，提出如下待检验假说4。

假说4 信息化水平的提高正向影响流通业对制造业的外溢效应。

7.3 模型、变量与数据

7.3.1 模型设定

衡量制造业效率的指标通常有产出率（增加值与产值的比率）、劳动生产率（行业总产出与就业人数的比值）、效率指数（某行业产出占全国 GDP 比重与该行业劳动投入占全国总劳动投入比重的比值）等。考虑到技术效率反映经济体运用现有技术达到最大产出的能力，是生产绩效的集中体现，本章拟采用技术效率作为制造业效率的指标。目前，常用的测算技术效率的方法有基于计量模型的参数方法（以随机前沿分析 SFA 为代表）和基于数学规划的非参数方法（以数据包络分析 DEA 为代表）。本章采用 SFA 方法，该方法的最大优点是考虑了随机扰动因素，因而使得效率的测算值更为合理。对于技术效率外生性因素的估计方法，早期的研究主要采用两步估计法，即首先基于随机前沿生产函数模型估计出技术效率，再用技术效率的估计值对外生性因素回归，以此度量外生性因素对技术效率的影响。但两步法存在明显的计量问题[①]，为此，产生了一步估计法，即前沿生产函数与技术效率的外生影响因素联合估计的方法，通过对无效率项的均值建立回归方程，检验影响技术效率的外生性因素的显著性。具体而言，选取 Battese 和 Coelli（1995）发展的随机前沿模型来进行研究，该模型的最大特点是可以同时实现对技术效率及其影响因素的参数估计。以 C－D 生产函数作为前沿生产函数的形式，模型的具体形式如下：

$$\ln Y_{it} = \beta_0 + \beta_1 \ln K_{it} + \beta_2 \ln L_{it} + \beta_3 t + V_{it} - U_{it} \tag{7.1}$$

其中：i 和 t 分别表示省份和时间；Y、K、L 分别代表制造业产出、资本投入和劳动投入；β_0 为待定常数项；β_1、β_2 分别为资本和劳动的产出弹性；β_3 反映技术进步随时间的变化趋势；$(V_{it} - U_{it})$ 为回归方程的随机扰动项，其中，V_{it} 反映不可控因素对各省制造业产出的随机影响，其服从对称的正态分布 $N(0, \sigma_v^2)$，且独立于 U_{it}；U_{it} 反映在 t 时期生产技术无效性对 i 省的随机影响，其服从单侧正态分布 $N(m_{it}, \sigma_u^2)$，其中 m_{it} 对应的函数即为技术无效函数，$e^{-m_{it}}$ 反映 i 省第 t 年的技术无效率水平。m_{it} 越大表明技术效率越低，或者说技术无效程度越高。结合前文的理论分析，其形式如下。

---

① 首先，该方法要假定外生性变量和生产要素之间不相关，否则遗漏这些关键变量会造成第一步估计结果是有偏的，估计出的有偏无效率项会造成第二步估计的无效率方程系数也是有偏的。其次，第二步回归中用来解释技术效率的外生变量在第一步回归时往往被假定为与技术效率无关，因而这种对技术效率的两阶段分析法就存在内在假设的矛盾冲突。

$$m_{it} = \delta_0 + \delta_1 \text{serv}_{it} + \delta_2 \text{sacl}_{it} \times \text{serv}_{it} + \delta_3 \text{mar}_{it} \times \text{serv}_{it} + \delta_4 \text{inf}_{it} \times \text{serv}_{it} + W_{it} \quad (7.2)$$

其中：i 和 t 的含义同上；δ_0 为待定常数项；δ_1 到 δ_4 为待定参数，表示各因素对制造业技术效率的影响程度。如果符号为正，说明该因素对制造业技术效率具有负面影响；符号为负，说明该因素对制造业技术效率有正向影响效应。$serv$ 为流通业专业化发展水平；$scal$ 为制造企业规模；mar 为制度环境；inf 为信息化水平。引入制造企业规模、制度环境、信息化水平与流通业发展水平的交叉项，而不是它们的单独项，在于检验这些因素对于流通业对制造业外溢效应的影响，而不是它们自身对于制造业技术效率的影响；W_{it} 是技术无效方程中的随机误差项，服从正态分布 $N(0, \sigma_w^2)$。

判断模型设定是否合理，可以考查式 7.1 中随机扰动项中技术无效所占比例 γ 的大小，$\gamma = \sigma_u^2 / (\sigma_v^2 + \sigma_u^2)$，$0 \leqslant \gamma \leqslant 1$。$\gamma$ 越接近于 0，越说明实际产出相对于前沿产出的偏离主要由不可控因素造成的统计噪声引起，此时直接用普通最小二乘法（OLS）就可以实现对模型的估计，没有必要采用随机前沿生产函数模型；γ 越接近于 1，越说明实际产出相对于前沿产出的偏离主要由生产的技术无效引起，此时采用随机前沿模型对生产函数进行估计就越合适。

7.3.2 变量选取与数据说明

制造业产出用各省份制造业增加值表示。制造业资本存量采用永续盘存法进行估计，公式为：$K_{it} = K_{it-1}(1 - \delta) + I_{it}$。其中：$K_{it}$ 是第 i 省第 t 年的资本存量；K_{it-1} 是第 i 省第 $t-1$ 年的资本存量；I_{it} 是第 i 省第 t 年的投资；δ 是折旧率。具体而言，用 2000 年各省制造业固定资产原价作为基年资本存量，折旧率取 5%，以制造业固定资产投资作为当年投资的衡量指标。劳动投入用各省份制造业年底从业人员数表示。选取流通业的职工人数占职工总数的比重作为流通业专业化发展水平的衡量指标，具体采用交通运输仓储邮政业和批发零售住宿餐饮业的职工人数加总作为流通业的职工人数。根据前文的分析，预期其系数为负，表明流通业的专业化发展水平与其对制造业的外溢效应正相关。制造企业规模用企业平均就业人数表示，就业人员越多意味着企业规模越大，价值链整合能力越强。根据前文的分析，预期其与流通业发展水平交叉项的系数为正，表明企业规模与流通业的外溢效应负相关。制度因素用各省份市场化水平表示，对此，现有研究一般采用非国有经济产值占工业总产值的比重或非国有经济单位职工人数在职工总数中的比重表示。在本章的研究中，以非国有经济单位职工人数在职工总数中的比重作为市场化程度的指标。根据前文的分析，预期其与流通业发展水平交叉项的系数为负，表明制度环境的完善将对流通业的外溢效应起正向调节作用。信息化水平采用电话普及率，即每百人中的固定电话（含移动电话）用户数量进行衡量。

根据前文的分析，预期其与流通业发展水平交叉项的系数为负，表明信息化水平的提高对流通业的外溢效应产生正向影响。

本章的实证研究采用 2000—2011 年我国大陆除西藏以外的其他 30 个省（区/市）的面板数据，西藏地区未列入样本主要是因为该地区缺失多个年份的数据。相关原始数据来自 2001—2012 年《中国统计年鉴》、《中国工业经济统计年鉴》和《中国劳动统计年鉴》。为保证数据的可比性，以 2000 年为基期，分别用以不变价格计算的第二产业增加值指数和固定资产价格指数对制造业增加值和固定资产投资数据进行平减。

7.4 实证检验结果

利用 Frontier 4.1 软件对全国总体样本（模型 1）进行估计，结果见表 7.1。其中，γ 值为 0.495，并且在 10% 的水平上通过显著性检验，表明前沿生产函数的误差项具有一定的复合结构，复合误差项中的 49.5% 来自技术无效率项，用随机前沿生产函数模型对生产函数进行估计是比较合适的。模型中各参数的估计结果都较为显著，模型估计结果比较理想。单边广义似然比检验结果拒绝了不存在技术无效率项的假设，表明技术效率对制造业增长具有显著影响。因此，模型的设定比较合理可靠。前沿生产函数中资本和劳动的系数分别为 0.67、0.387，并且均通过了 1% 的显著性检验，表明我国制造业产出增长主要依靠资本积累，劳动力的贡献相对较小。时间趋势项的系数为 -0.018，但不显著，表明这段时期内制造业技术水平没有发生显著变化。

表 7.1　模型参数的极大似然估计结果

	模型 1（全国总体样本）		模型 2（东部地区样本）		模型 3（中部地区样本）		模型 4（西部地区样本）	
	系数	t 检验值	系数	t 检验值	系数	t 检验值	系数	t 检验值
前沿生产函数								
常数项	-0.222*	-1.511	-0.544***	-5.010	0.145**	2.200	-0.187**	-2.279
$\ln K_{it}$	0.670***	21.889	0.588***	19.962	0.576***	6.115	0.628***	5.880
$\ln L_{it}$	0.387***	14.754	0.502***	16.837	0.255***	4.756	0.374***	3.798
t	-0.018	-0.271	0.042***	8.885	-0.011	-0.504	-0.049***	-2.649
技术无效函数								
常数项	0.797***	8.939	0.121***	6.157	0.738**	2.279	0.130	0.136
$serv_{it}$	-0.002*	-1.544	-0.082***	-5.322	0.002	0.054	0.023	0.314

	模型 1 (全国总体样本)		模型 2 (东部地区样本)		模型 3 (中部地区样本)		模型 4 (西部地区样本)	
	系数	t 检验值	系数	t 检验值	系数	t 检验值	系数	t 检验值
$scal_{it} \times serv_{it}$	0.001***	2.925	0.007***	8.221	0.008	0.121	0.007*	1.695
$mar_{it} \times serv_{it}$	-0.022**	-1.758	-0.118***	-2.831	-0.040*	-1.536	-0.053*	-1.694
$inf_{it} \times serv_{it}$	-0.036***	-3.921	-0.017**	-1.937	-0.085**	-2.580	-0.052*	-1.529
其他信息								
δ^2	0.031***	11.265	0.070***	4.680	0.039***	3.517	0.044**	2.301
γ	0.495*	1.595	0.974***	62.042	0.475*	1.591	0.890*	1.594
log 函数值	123.006		82.570		22.657		77.113	
LR 值	187.820		99.192		13.400		26.212	
样本数	360		132		96		132	
年数	12		12		12		12	
横截面数	30		11		8		11	

注：＊＊＊，＊＊，＊分别表示变量在1%、5%和10%的水平上显著；LR 检验值服从混合卡方分布；技术无效函数中的负号表示对应变量对制造业技术效率有正向影响，正号表示有负向影响。

在技术无效函数中，与理论预期相同，流通业专业化发展水平系数为 -0.002，并且在 10% 的水平上显著，意味着在其他条件不变的情况下，流通业专业化发展水平每提高 1 个单位，会促使制造业技术效率提高 0.2%。可见流通业的发展对制造业效率的提升确实起到了积极的外溢作用，现代流通业的生产性服务功能正在逐步显现，这与王俊（2011）、赵霞（2012）、丁宁（2013）等的研究结果较为相似。但这里的实证结果也表明，流通业的发展对制造业的外溢影响还很小。可能是因为长期以来我国流通业的发展还处于较低水平，流通专业化、市场化、规模化程度较低，以及市场竞争还不够规范、市场秩序还较为混乱等因素的存在，抑制了流通业和制造业的专业化分工以及制造企业商贸服务外包的内在动力和需求，导致流通业的"黏合剂"功能大大减弱。同时也说明，现阶段通过大力发展流通业促进制造业发展和效率提升的必要性。制造企业规模和流通业专业化发展水平交叉项系数为 0.001，并且在 1% 的水平上显著，表明制造企业规模对流通业外溢效应的发挥起着负向作用。说明规模越大的企业商贸服务外包的动机越弱，而倾向于通过自建物流运输、采购批发、销售渠道等方式整合控制企业价值链，从而抑制了流通业对制造业外溢效应的发挥。因此，要推动大型制造企业实行"主辅分离"，致力于核心能力建设，并通过商贸服务外包整合价值链，从而有效发挥流通业对制造业效率提升的促进作用。市场化程度、信息化水平和流通业专业化发展水平交叉项的系数均显著为负，表明制度环境的完善和信息化水平的提高对"流通业对制造业的效率提升"存在正向影响作用。以市场化为代表的经济制度变革促进了市场竞争规则的完善和市场秩序的规范，信息技术的发展应用提升了流通业的服务水平和能力，这些都有利于流通业"黏合剂"功能的发挥，从而提高制造业生产效率。

根据上述模型所提供 2000—2011 年我国制造业技术效率的估计结果，从全国总体看，制造业技术效率基本上保持上升趋势，从 2000 年的 0.532 上升为 2011 年的 0.681。所有年份中，只有 2009 年制造业技术效率呈现小幅下降，造成这段时期技术效率下降的原因可能是国际金融危机影响下我国一系列宏观调控政策的变化。国际金融危机的冲击凸显了我国经济的深层次结构性问题，国家在应对危机过程中不仅采取了一系列积极的宏观调控政策，而且对部分制造业产能过剩、重复建设、结构趋同等经济结构性问题进行了深度调整。因而在这段时期内，国家的多重调控政策对制造业的发展产生了一定的影响。此后，随着结构调整成效的初步显现，制造业技术效率又出现回升趋势。从区域角度看，东部地区制造业技术效率显著高于中西部地区，2011 年，东、中、西三大地区平均技术效率分别为 0.764，0.654 和 0.602。

考虑到我国不同地区经济发展水平的差异，将所有样本数据分成东部、中部和西部地区三组（分别对应于模型 2、模型 3 和模型 4），进一步检验模型的稳健性。从估计结果（见表 7.1）可以看出，大部分结论都没有改变，但也出现了一些差别，下面结合回归结果进行具体分析。模型 2、模型 3 和模型 4 的 γ 值均表明，用随机前沿生产函数模型进行分析是较为合适的。资本和劳动的产出弹性系数也均表明，资本对制造业产出增长的贡献大于劳动力。在技术无效函数中，流通业专业化发展水平的系数在模型 2 中显著为负，表明东部地区流通业专业化发展水平对制造业效率的提升发挥了积极作用。而在模型 3 和模型 4 中为正但不显著，与理论预期存在一定偏差，这可能与中、西部地区流通业发展水平较低有关。长期以来，由于经济发展水平、地理位置、政策环境等因素的影响，中西部地区流通业规模水平以及专业化、社会化发展水平普遍较低；此外，市场规则、制度环境等各种因素的影响也制约了流通业外溢效应的发挥，因而流通业的发展还不能对制造业产生明显的促进作用。制造企业规模与流通业专业化发展水平交叉项的系数在模型 2 和模型 4 中均显著为正，在模型 3 中也为正但不显著，表明东部和西部地区制造企业规模对流通业的外溢效应起抑制作用，规模越大的制造企业往往越倾向于将商贸流通服务内置，从而不利于流通业发挥其专业化分工优势和规模经济优势而对制造业产生积极的生产性服务绩效，而在中部地区这一结论不明显。市场化程度和信息化水平与流通业专业化发展水平交叉项的系数在三个模型中均显著为负，表明无论是在经济发达的东部地区还是在欠发达的中西部地区，制度环境的完善和技术水平的提高在流通业与制造业互动发展中均具有积极作用。

7.5　本章结论和启示

本章基于流通业与制造业关系的研究进展，引入流通业专业化发展水平、制造企业规模、制度环境和信息化水平四个因素，从理论层面分析了流通业对制造业外溢效应的影响渠道，并基于 2000—2011 年省际面板数据，运用随机前沿生产函数模型对理论假说进行了实证检验。结果表明：第一，总体上看，流通业的专业化发展水平对制造业效率提升发挥着正向影响效应，现代流通业的生产性服务功能正在逐步显现，但流通业对制造业效率提升的外溢效应还处于较低水平；第二，制造企业规模与流通业对制造业的效率提升作用负相关，促进制造企业商贸服务外包有利于发挥流通业对制造业的效率提升作用；第三，制度环境的完善和信息化水平的提高正向影响流通业对制造业效率提升的促进作用，市场化所带来的经济制度变革和政策调整以及现代信息技术的发展应用有助于二者的良性互动发展。

较之现有研究成果，本章不仅验证了流通业对制造业效率提升促进作用的存在性，更为重要的是，分析了这种外溢效应产生的渠道，从理论上揭示了通过何种渠道和途径可以推动流通业对制造业效率提升的外溢作用。当前，我国制造业正面临转型升级问题，制造业的效率和竞争力还有待提高。基于上述研究结论，为更好地促进流通业发展并促进制造业效率提升，可以得到如下政策启示。

（1）大力发展现代商贸流通业，促进制造业效率和竞争力的提升。首先，要进一步深化流通体制改革。建立市场主导型商品流通体制，重点解决所有制、政企不分、行业垄断、地区封锁等问题，为流通业的发展创造良好的体制环境。改变"重生产、轻流通"的传统观念，重视现代流通业的生产性服务功能，科学合理地促进流通业的发展以促成制造业生产效率的提高、附加价值的提高以及竞争力的提升。其次，提高流通业专业化、市场化、规模化水平。制造业转型升级需要专业化商贸服务供给作为支撑，然而目前我国流通业发展水平相对落后，专业化、市场化、规模化程度较低，在一定程度上抑制了制造业的商贸服务需求。因此，要深化流通业内部分工体系，特别要加强现代物流业和现代批发业建设，强化自身专业化和规模经济优势，为承接制造企业物流配送等生产性服务外包提供条件。此外，要加强流通业的技术创新。当前制约流通业与制造业互动发展的主要障碍还在于流通业技术创新不足，经营效率低下，导致其服务供给能力受到限制。因此，要加强流通领域信息技术的投入力度，改善投入结构，加强流通技术创新和新技术的推广及应用，降低服务成本，提高服务质量，增强服务供给能力。

（2）促进制造企业商贸服务外包，充分利用现代流通业的生产性服务功能。当前，制造企业商贸服务外包动机和需求较小是影响流通业外溢效应的重要因素。制造企业自我服务比重高、外包服务项目层次低、中间需求不足，造成对外部专业化的商贸服务需求较小。因此，要推动制造企业改变传统的经营模式和组织形式，加强核心能力建设，将物流、仓储、运输、销售等业务剥离为社会化的专业服务，整合配套相关商贸企业的服务供给功能。通过商贸服务外包方式整合利用社会资源和能力，推动产业链相关企业的互补与整合，实现制造业与流通业的互动发展。围绕制造业集聚区，有针对性地引入关联性的现代商贸服务业进入，变单纯的制造业集聚为集成制造与服务功能的产业链集聚。重点扶持现代服务业集聚区、现代物流业集聚区建设，降低交易成本和风险，强化制造企业商贸服务外包的内在动力。

（3）加快体制改革和制度调整，为促进流通业外溢效应的发挥创造条件。政策制度环境的完善能够有效促进流通业对制造业外溢效应的发挥。就我国来看，由于体制改革和制度调整还相对滞后，使得服务需求成本相对较高。此外，市场中介组织、法律制度环境等发育还不是很成熟，社会对遵守商业契约的监督、欺诈行为的发现及惩戒能力有限，这些都大大抑制了流通业外溢效应的发挥。因此，要加快相关体制改革和制度调整，为流通业外溢效应的发挥创造条件。特别要加快在产权和合同保护、行政环境的透明、产业政策的有效性和连续性、经济机构间的信任和公共机构的诚信、国有企业改革和劳动力再培训、市场中介组织的培育等诸多方面的调整和完善，降低服务外包的风险，加强企业间的信任和合作，实现专业化社会化的商贸服务与制造环节的紧密对接。

8 流通业发展对制造业效率的影响研究

8.1 引言和相关文献述评

随着经济的发展和改革的不断深入，我国流通业在规模、结构、组织、技术等方面获得了快速发展。流通业不仅在扩大内需、刺激消费等方面发挥着重要作用，而且随着现代商贸服务在制造业生产过程中参与程度的不断提高，其生产性服务功能也日益突出。商贸流通业是工业体系内部分工深化的产物，与制造业具有很强的产业关联。从中间需求角度看，流通部门通过发挥其专业化分工优势和规模经济优势，承担制造部门运输仓储、物流配送、商品流通渠道等职能，从而为制造业的发展提供了必要的生产性服务支撑。从我国制造业的发展状况看，2010 年我国制造业增加值占全球的比重提升到 19.8%，超过了美国，规模位居世界第一，成为世界"制造大国"。尽管目前我国已经是世界制造大国，但制造业生产效率不高、产品附加价值较低、粗放型发展特征明显，目前工业增加值率在 26%~30%，低于发达国家 6~8 个百分点，制造业的效率和竞争力还有待进一步提高。因此，在我国制造业转型发展的新阶段，从生产和流通的产业关联视角研究流通业发展对制造业效率的影响，对更好地通过流通业发展推动制造业升级具有重要意义。

关于流通业与制造业效率的关系，国外大量研究表明，分工深化、生产专业化和生产迂回程度的增加可导致服务的中间需求迅速增长（Grubel 和 Walker，1989；Francois 等，1996），由此构成了商贸流通等现代服务业进入制造业生产过程的通道，促进了制造部门的增长和生产效率的提高（Kakaomerlioglu 和 Carlsson，1999；Raa 和 Wolff，2001；Guerrieri 和 Meliciani，2005；Wolfmayr，2008）。国内学者也对流通业与制造业发展和效率的关系进行了很多研究，刘向东和石杰慎（2009）的实证结果表明，我国流通业具有生产性服务业的产业特征，流通业承担着商品流通渠道、服务工业发展的功能。宋则和赵凯（2009）的研究表明，我国商贸流通服务业与第二产业之间具有长期稳定的均衡关系，仓储、交通运输等流通部门在加快经济节奏、优化经济流程等方面对第二产业发挥了强大的促进作用。袁建文（2009）的实证研究也表明，流通业与工业发展之间具有长期稳定的均衡关系，流通业的增长带动了工业发展。宋则等（2010）认为，现代流通服务业具有深刻的生产性服务能力，许多流通企业在传统的劳动密集型产业和技术工艺复杂的技术密集型产业的全球生产网络及价值链创新中处于主导地位。王俊（2011）实证检验了流通业发展水平对制造业全要素生产率的影响，研究发现流通规模扩大显著促进了制造业全要素生产率的上升。赵霞和徐永锋（2012）实证检验了流通业对制造业效率的影响路径，结果显示流通业的发展有力促进了制造业效率的提升，并且这种作用是部分通过降低交易成本实现的。丁宁等（2013）实证研究了流通创新对制造业全要素生产率提升的绩效，结果表明，流通技术进步和组织创新对制造业全要素生产率的提升具有较为明显的促进作用。此外，王健和梁红艳（2012）分析了物流业发展对制造业效率的影响。王晓东和梁云（2014）研究了生产资料批发业发展对制造业效率提升的影响，研究表明，生产资料批发业规模扩张和效率提升能够显著促进制造业产出效率的提高。

上述文献为研究流通业对制造业的发展和效率影响提供了很好的借鉴和参考，但也存在进一步拓展的空间。首先，目前多数研究仍以描述性或单纯的计量分析为主，缺乏必要的理论框架作为支撑。其次，从实证研究看，现有研究主要从地区层面对流通业发展对制造业效率的影响进行了分析，而从行业层面分析流通业细分行业对制造业效率影响的研究还不多见。此外，现有研究主要采用静态模型估计方法进行分析，忽视了静态模型在估计过程中难以控制的内生性问题。基于此，本章拟从以下几方面对现有文献进行拓展：一是在现有理论和研究基础上，建立流通业对制造业效率影响的理论模型，阐明流通业对制造业效率影响的内在机理；二是从地区和细分行业两个层面，实证分析流通业发展对制造业效率的影响；三是在实证分析中，同时采用静态和动态模型估计方法进行分析，从而使研究结果更为准确。本章的结构安排如下：8.2 节通过对 C－D 生产函数进行拓展，构建理论模型分析流通业作为中间要素投入对制造业效率影响的内在机理；8.3 节分别从地区和行业两个层面，运用静态和动态模型估计方法，对 8.2 节理论模型得到的结论进行实证分析；8.4 节是研究结论和政策建议。

8.2 基本模型

从国内外相关研究可以看出，流通业影响制造业效率的理论基础源于分工和专业化、迂回生产、价值链等理论。分工深化、生产专业化使得流通业在协调生产和降低交易成本中的作用日益凸显，因而流通业作为独立的产业从制造业中独立出来，在经济发展和工业化过程中能够发挥重要的"黏合剂"功能；而流通业的发展也有利于深化制造业分工，提高生产的专业化程度，从而提高制造业的效率和竞争力。从微观功能视角看，作为制造业的中间要素投入，具有较高质量和技术含量的商贸流通服务嵌入制造业的生产环节，通过降低制造业价值链相关环节的生产成本，提高了生产过程的效率，从而有利于制造业升级。在这个意义上，流通业的发展同时也是其在制造业发展升级中作用不断凸显的过程。本节尝试借鉴 Andersson（2004）的模型，基于 Dixit 和 Stiglitz（1977）的垄断竞争分析框架，运用数理模型分析流通业发展对制造业效率影响的内在机理，论证流通业的发展如何降低制造业成本、提高制造业效率。假设作为制造业生产过程中间投入的流通业投入表示为：

$$s = \left\{ \int_0^n [z(i)]^{\frac{\sigma}{\sigma-1}} \mathrm{d}i \right\}^{\frac{\sigma}{\sigma-1}}, \ \sigma > 1 \tag{8.1}$$

其中：n 表示制造业生产过程中各种商贸流通服务的种类；σ 表示各种商贸流通服务之间的替代弹性。

对 C–D 生产函数进行拓展，生产中的投入要素包括劳动、资本以及商贸流通服务（中间投入），并用劳动数量来衡量商贸流通服务的投入，因而，C–D 生产函数可以表示为：

$$f(L,S,K) = A(L^\beta S^{1-\beta})^\alpha K^{1-\alpha} \tag{8.2}$$

在标准的 D–S 模型中，垄断竞争的商贸服务企业根据边际成本定价，并且自由进入和退出市场使得均衡利润为零，因此，可以得到均衡时商贸流通服务的价格为：$p = \dfrac{mc}{1 - 1/\sigma}$，其中，$mc$ 为商贸流通服务的边际成本。

在 Ciccone 和 Hall（1996）的基础上，引入参数 a 反映由技术进步等引起的商贸流通服务效率的提高。假设生产 x 单位商贸流通服务需要的劳动投入为 $ax + f$，这里，f 为以劳动投入衡量的从事商贸流通服务生产的固定成本。假设单位劳动报酬为 w，$mc = wa$，则商贸流通企业实现利润最大化的均衡利润函数为：

$$\pi = px - w(ax + f) = \frac{1}{1 - \sigma} wax - wf \tag{8.3}$$

商贸流通企业自由进入市场，则 $\pi = 0$，于是：

$$x = \frac{(\sigma - 1)f}{a} \tag{8.4}$$

假设生产中总的劳动投入为 N，则流通业的劳动投入为 $(1 - \beta)N$，由此得到：

$$n = \frac{(1 - \beta)N}{ax + f} = \frac{(1 - \beta)N}{\sigma f} \tag{8.5}$$

由此可见，随着流通业劳动投入的增加，流通服务的种类也将增加，流通业的专业化程度将提高。

假设流通业呈规模报酬递增，设 $\Omega = nz(i)$ 是所有商贸流通服务的总数量，并假设流通服务具有对称性，则流通业的平均生产率为 $\dfrac{Z}{\Omega} = n^{\frac{1}{\sigma-1}}$。由于 $\sigma > 1$，流通业的平均生产率将随 n 而递增[1]。

假设 C-D 生产函数中，资本外生给定，不考虑资本变动，只考虑劳动和流通业两种投入，则：

$$F = AL^{\beta} \left\{ \int_0^n \left[z(i) \right]^{\frac{\sigma-1}{\sigma}} \mathrm{d}i \right\}^{\frac{(1-\beta)\sigma}{\sigma-1}} \tag{8.6}$$

相对应的成本函数为：

$$c^u(w,p) = w^{\beta} p^{1-\beta} \tag{8.7}$$

其中：w 为劳动成本；p 为流通业总价格指数。由于投入到生产中的商贸流通服务是对称的，则综合价格指数可以写成[2]：

$$p(n,p_z) = n^{\frac{1}{1-\sigma}} p_z \tag{8.8}$$

其中：p_z 是每种商贸流通服务投入的价格。代入成本函数，则有：

$$\frac{\partial p(n,p_z)}{\partial n} < 0 \Rightarrow \frac{\partial c^u(w, p(n,p_z))}{\partial n} < 0 \tag{8.9}$$

上式表明，作为中间投入的流通业规模越大、种类越多，制造业单位生产成本越低，制造业生产效率越高，因而竞争力也越强。

上述理论模型分析表明，流通业的专业化分工和规模的扩大不仅促进了自身效率的提高，而且作为中间要素投入也能有效降低制造业的生产成本，从而有利于促进制造业效率和竞争力的提升[3]。

8.3 实证分析

理论模型仅仅是对经济现象的抽象描述。为客观地反映流通业与制造业效率之间的关系，本节对上述数理模型得到的结论进行实证分析。在实证分析中，将从地区和行业层面、运用静态和动态模型分别检验作为制造业的中间投入，流通业的发展是否促进了制造业效率的提升。

---

① 需要指出的是，流通业规模报酬递增体现在其种类的增加上，这是 D-S 垄断竞争模型的一个特性，行业规模经济体现在类别而非单个企业产量的增加。

② 价格指数的推导过程与（Fujita et al.，1999）类似。

③ 需要注意的是，作为一种中间投入，随着流通业规模扩大、种类增多，制造业成本将下降，下降的程度取决于各类商贸流通服务之间的替代弹性 σ 和流通业的投入份额 $1-\beta$。各类商贸流通服务之间的替代弹性 σ 与制造业成本降低的程度呈反向关系，流通业的投入份额 $1-\beta$ 越小，则由商贸流通服务数量增加带来的对总成本的影响也越小。

8.3.1 计量模型、数据与变量

对于制造业效率的度量指标，国内外研究中常用的指标包括产出率（增加值与产值的比率）、劳动生产率（行业总产出与就业人数的比重）、效率指数（某行业产出占全国 GDP 比重与该行业劳动投入占全国总劳动投入比重的比值）、运用数据包络分析或随机前沿生产函数计算得出的技术效率等。不同的研究在度量指标选取上也有一定的差异，国内研究较多采用产业利润率、市场份额和劳动生产率这三个指标，本章也选取制造业劳动生产率作为衡量其产出效率的指标。

实证分析中，本章选取流通业增加值衡量其发展水平。选取交通运输仓储和邮政业、批发零售住宿和餐饮业这两个细分行业作为流通业。事实上，交通运输仓储和邮政业、批发零售住宿和餐饮业一直是我国流通产业的主要组成部分，它们的发展状况可以在很大程度上反映我国流通产业的发展水平，所以选取这两个行业代表流通业，分析流通业发展对制造业效率的影响。具体的计量模型如下：

$$\ln pro_{it} = c_0 + c_1 \ln cs_{it} + c_2 \ln cap_{it} + c_3 \ln hr_{it} + c_4 \ln mar_{it} + c_5 \ln fdi_{it} + \varepsilon_{it} \tag{8.10}$$

其中：pro_{it} 是地区 i 第 t 年制造业劳动生产率，代表制造业的产出效率；核心解释变量 cs_{it} 表示地区 i 第 t 年流通业增加值，选取交通运输仓储和邮政业、批发零售住宿和餐饮业这两个行业增加值总和代表流通业的发展水平；流通业发展水平越高，意味着其规模经济优势和专业化分工优势越强。控制变量主要包括：cap_{it} 为地区 i 第 t 年制造企业人均固定资产净值年平均余额，其含义是资本有机构成。一般认为，资本有机构成与劳动生产率呈正相关关系，资本有机构成越高，制造业劳动生产率也越高；hr_{it} 反映地区 i 第 t 年的人力资本状况，采用具有大专以上学历的人数表示，用来反映制造业劳动者素质和技能水平。根据人力资本理论，劳动者的素质和技能水平对生产率的提高具有很大的决定作用，因此，预期其回归系数符号为正；mar_{it} 为地区 i 第 t 年的市场化水平，用各地区非国有经济单位职工人数在职工总数中的比重表示。转型经济理论认为，市场化进程的推进，通过产权多元化，提供了更加有效的激励机制，有利于促进生产率的提升；fdi_{it} 为地区 i 第 t 年外商直接投资占 GDP 比重，反映外资对制造业效率的影响。FDI 有利于吸收国际先进技术和经营管理经验，并通过关联机制、知识技术等溢出效应促进东道国生产效率的提高，但是外资的进入也使得国内企业在人才、市场等方面面临更为激烈的竞争，从而可能抑制本国制造业的发展。因此，其效应大小取决于外资的溢出效应及其对内资企业竞争效应的比较。为了减少可能存在的异方差，对各相关变量取对数。

本章选取我国大陆 30 个省、直辖市、自治区 2000—2011 年的面板数据。由

于统计资料的限制，西藏地区未列入样本。所有数据来自2001—2012年《中国统计年鉴》、《中国工业经济统计年鉴》、《中国劳动统计年鉴》和历年各省市统计年鉴。考虑到数据的可得性，用全部国有及规模以上非国有工业企业固定资产净值年平均余额代替企业固定资产净值年平均余额。为保证数据的可比性，以2000年为基期，分别用以不变价格计算的增加值指数和固定资产价格指数对制造业增加值、流通业增加值和企业固定资产净值年平均余额进行平减。外商直接投资为实际利用外资额，按当年平均汇率折算成人民币。

8.3.2 实证结果分析

本章分别采用静态模型和动态模型进行估计。在静态模型中，根据 Hausman 检验结果确定固定效应模型和随机效应模型的选择。由于静态模型在估计过程中难以控制模型的内生性问题，为此，本章还采用动态面板数据的估计方法进行分析。对于动态模型，采用 Arellano 和 Bover（1995）以及 Blundell 和 Bond（1998）提出的系统广义矩估计（SYS – GMM）方法。由于系统广义矩估计必须满足两个条件，一是需要假定随机扰动项不存在序列相关，二是要求新增工具变量有效，这里以差分方程的一阶、二阶序列相关检验 AR（1）、AR（2）以及 Sargan 过度识别检验来验证随机扰动项是否存在序列相关以及工具变量选取的有效性。如果模型通过 AR 检验和 Sargan 检验，说明模型设定合理并且估计有效。

8.3.2.1 地区层面分析

本章首先对全国总体、东部地区和中西部地区面板数据模型进行了估计。静态面板数据模型 Hausman 检验结果均在1%的显著性水平下拒绝支持随机效应的零假设，表明固定效应更为合适。动态面板数据模型 AR（1）、AR（2）检验不能拒绝模型扰动项没有二阶序列相关的原假设；同时，Sargan 检验结果也显示不能拒绝工具变量有效性的原假设，说明模型设定合理并且工具变量是有效的。模型具体估计结果见表8.1。从估计结果看，静态和动态模型中变量符号基本保持一致，只是系数大小和显著性上存在一些差异，这里根据 SYS – GMM 方法的估计结果进行分析。

表8.1 按地区分流通业对制造业效率影响实证分析结果

解释变量	全国		东部地区		中西部地区	
	模型（1）(FE)	模型（2）(SYS – GMM)	模型（3）(FE)	模型（4）(SYS – GMM)	模型（5）(FE)	模型（6）(SYS – GMM)
cons	– 3.084*** (0.160)	0.173*** (0.063)	– 3.608*** (0.401)	0.143 (0.090)	– 3.128*** (0.177)	– 0.010 (0.111)

解释变量	全国		东部地区		中西部地区	
	模型（1） （FE）	模型（2） （SYS – GMM）	模型（3） （FE）	模型（4） （SYS – GMM）	模型（5） （FE）	模型（6） （SYS – GMM）
cs	0.528***	0.038*	0.622***	0.129***	0.535***	0.055
	(0.050)	(0.034)	(0.097)	(0.076)	(0.058)	(0.072)
cap	0.424***	0.062*	0.133**	0.100***	0.490***	0.129***
	(0.048)	(0.032)	(0.095)	(0.061)	(0.053)	(0.069)
hr	0.071***	0.015**	0.047*	0.020*	0.074***	0.066*
	(0.020)	(0.009)	(0.033)	(0.007)	(0.023)	(0.009)
mar	0.073	0.004	0.171	0.005	0.068	– 0.007
	(0.060)	(0.052)	(0.128)	(0.066)	(0.065)	(0.016)
fdi	0.015	0.013***	0.041	0.021*	– 0.002	0.015**
	(0.015)	(0.004)	(0.043)	(0.010)	(0.016)	(0.007)
R^2	0.954		0.942		0.959	
F 值	199.931		126.501		207.053	
AR（1）		0.001		0.068		0.002
AR（2）		0.115		0.127		0.254
Sargan test		0.472		0.623		0.414

注：＊＊＊，＊＊，＊分别表示在1%，5%，10%的水平下显著；括号内为标准差；AR（1）、AR（2）分别为一阶、二阶序列相关检验的 p 值；Sargan test 为 Sargan 过度识别检验的 p 值。

从全国层面看，流通业发展、资本有机构成、人力资本、外商直接投资均对制造业效率起到了正向促进作用，但是市场化并未显著促进制造业效率的提升。从具体实证结果看，流通业发展水平对制造业效率的作用显著为正，其系数为0.038，表明流通业每增长1个百分点，可以促进制造业效率提高0.038个百分点。这里的实证结果表明，随着分工深化和生产专业化，商贸流通服务在制造业生产过程中的参与程度不断提高，流通业通过人力、技术和知识资本，直接提高了制造业生产过程中的生产经营效率，降低了产品的生产成本和交易成本，从而促进了制造业效率的提高。从理论上来看，根据古典经济学派的分工理论，流通业的发展本身就是分工深化、专业化程度提高的表现。随着工业的发展和技术进步，必然带来社会分工的深化，流通业在协调生产和降低交易成本中的功能日益凸显，因而作为一个产业逐步从工业分工体系中独立出来，在国民经济中发挥着重要的"黏合剂"功能。随着流通业的发展，运输仓储、物流配送、采购销售等现代商贸服务在生产过程中参与程度的不断提高，其面向制造业的生产性服务内容日益增多，而通过创造和满足生产性服务需求实现对制造业的引导和促进，将有助于制造企业更好地控制生产过程，降低生产成本和交易成本，从而提高效率。本章的实证分析结果支持了上述理论观点。

人均固定资产净值年均余额的系数显著为正，表明资本有机构成的提高对制造业效率提升具有显著的正向促进作用，这也与理论预期一致；并且其作用大于流通业的促进作用，说明资本有机构成是制造业效率提升的主要决定因素，这与之前多数研究结果较为一致。人力资本的系数也显著为正，表明人力资本确实是影响制造业效率的重要因素，说明我国制造业投入的生产要素中，高素质人才是影响制造业发展的重要环节，因此，劳动者素质和技能的提高能够较大程度地提高制造业效率。市场化的系数为正，但不显著，表明市场化进程对制造业效率并没有产生显著影响。这与理论预期存在一定偏差，可能是因为在当前我国地方市场分割仍比较严重的情形下，市场化改革对于制造业的效率可能产生正反两方面的结果，日益强化的竞争会降低 X 非效率，但同时意味着在一定程度上必须放弃规模经济和垄断利润。外商直接投资的系数显著为正，表明外商直接投资对我国制造业效率提升作用也较为显著，这说明尽管外资的进入对国内企业的发展空间造成一定的限制和挤压，但外资带来的先进技术、知识、经验、人才等溢出效应大于其对内资企业的竞争效应，因而总体上能够对我国制造业产生积极的溢出效应。

从区域层面看，东部地区流通业发展对制造业效率提升有重要作用，并且流通业发展是制造业效率提升最为重要的因素；但中西部地区流通业发展对制造业效率提升作用不明显，原因可能在于东部地区经济较为发达，服务经济的发展相对成熟，流通业的专业化分工和规模经济优势更为明显，服务质量和供给能力更强，因此流通业发展水平要高于中西部地区，能够在很大程度上促进当地制造业发展效率的提升。而在中西部地区，由于经济发展水平和服务业的发展相对滞后，流通业的发展层次较低，服务质量和供给能力较差，因而还不能对制造业的发展产生显著影响。资本有机构成对中西部地区制造业效率影响更大，表明和东部地区相比，中西部地区资本要素还相对稀缺，因此资本对制造业效率的作用更大。人力资本对东部和中西部地区制造业效率均具有正向影响效应，表明无论在经济发达的东部地区还是在经济相对落后的中西部地区，人力资本都是促进制造业效率提升的重要因素。市场化对东部和中西部地区制造业效率的影响均不显著，可能在于市场化改革本身所产生的正反两方面结果，因而其对于制造业效率的作用还不明显。外商直接投资对东部地区制造业效率的影响大于中西部地区，这说明外商直接投资在东部地区的溢出效应更大。这可能由于东部地区对外开放程度更高，有利于外资发展的制度环境和物质基础设施更完善，因而外商直接投资所带来的效率增进作用更强，对制造业效率的作用更加明显。

8.3.2.2 行业层面分析

在行业层面，本章分别单独检验了交通运输仓储和邮政业（LOS）、批发零售住宿和餐饮业（TRA）对制造业效率的影响，以及同时引入这两个细分行业分析它们对制造业效率的影响。在静态模型中，仍然分别采用固定效应和随机效应分析，Hausman 检验结果均表明采用固定效应模型。同时，采用 SYS - GMM 方法进行估计，并进行 AR（1）、AR（2）检验和 Sargan 检验，检验结果均支持相应的 SYS - GMM 估计方法。模型估计结果见表 8.2。这里同样根据 SYS - GMM 方法的估计结果进行分析。

表 8.2 按行业分流通业对制造业效率影响实证分析结果

解释变量	模型（1）（FE）	模型（2）（SYS - GMM）	模型（3）（FE）	模型（4）（SYS - GMM）	模型（5）（FE）	模型（6）（SYS - GMM）
cons	- 2.669***	0.141**	- 2.130***	0.163**	- 2.830***	0.127**
	(0.183)	(0.056)	(0.122)	(0.061)	(0.162)	(0.052)
los	0.235***	0.058**			0.228***	0.055**
	(0.042)	(0.032)			(0.037)	(0.036)
tra			0.344***	0.056	0.340***	0.041
			(0.037)	(0.042)	(0.035)	(0.035)
cap	0.677***	0.092*	0.502***	0.089*	0.396***	0.087*
	(0.041)	(0.057)	(0.045)	(0.056)	(0.046)	(0.056)
hr	0.112***	0.031*	0.093***	0.023**	0.067***	0.017*
	(0.021)	(0.009)	(0.020)	(0.010)	(0.019)	(0.009)
mar	0.344***	0.004	0.113*	0.003	0.063	0.003
	(0.057)	(0.031)	(0.061)	(0.042)	(0.058)	(0.039)
fdi	0.006	0.011***	0.011	0.014***	0.017	0.012***
	(0.017)	(0.004)	(0.016)	(0.004)	(0.015)	(0.004)
R^2	0.944		0.952		0.957	
F 值	161.851		188.708		205.367	
AR（1）		0.001		0.001		0.001
AR（2）		0.150		0.157		0.148
Sargan test		0.418		0.321		0.492

注：＊＊＊，＊＊，＊分别表示在1%，5%，10%的水平下显著；括号内为标准差；AR（1）、AR（2）分别为一阶、二阶序列相关检验的 p 值；Sargan test 为 Sargan 过度识别检验的 p 值。

从实证结果看，交通运输仓储和邮政业对制造业具有显著正向作用，而批发零售住宿和餐饮业等商业部门对制造业效率的影响不显著。具体而言，模型（2）的结果显示，交通运输仓储和邮政业的系数为 0.058，且在 5% 的水平下显著，表明交通运输仓储和邮政业每增长 1 个百分点，可以促进制造业效率提升 0.058 个百分点。这说明以交通运输仓储和邮政业为代表的现代物流部门在制造业生产和效率提升中发挥着重要作用，制造企业通过运输、仓储等专业化的物流服务降低了物流运输成本，提高了商品运输和周转速度，从而降低了生产成本和交易成本，提高了生产效率。模型（4）的结果表明，批发零售住宿和餐饮业等商业部门对制造业效率的作用不显著，这与理论预期存在一定偏差。出现这一结果，一方面可能与现阶段传统批发体系相对萎缩、批发商集采分销职能弱化以及零售商业低水平过度竞争、没有和制造企业形成良好的互动合作等因素有关；另一方面可能与我国制造企业"大而全""小而全"的生产组织模式有关。长期以来制造企业普遍倾向于自建批发网络和销售渠道，导致外部专业化社会化批发零售贸易等商业服务投入不足，因而对制造业效率的影响不明显。模型（6）的实证结果进一步表明，交通运输仓储和邮政业能够显著促进制造业效率提升，但批发零售贸易等商业部门对制造业效率的作用还不明显。此外，人均固定资产净值年平均余额、人力资本在所有模型中均通过了显著性检验，并且是促进制造业效率提升的重要因素，这也进一步验证了前文的分析结论。市场化在所有模型中均不显著，外商直接投资对制造业效率具有显著提升作用，这也与前文的分析结论一致。

8.4 本章结论和启示

本章通过对 C-D 生产函数进行拓展，构建了流通业对制造业效率影响的理论模型，并运用 2000—2011 年我国省际面板数据，采用静态和动态模型估计方法，从地区和细分行业层面实证分析了流通业发展对制造业效率的影响。主要得出以下结论。

（1）从全国整体看，流通业发展促进了制造业效率的提高。流通业的发展通过降低制造业生产过程中的成本，提高了制造业的生产效率和竞争力。

（2）从区域层面看，东部地区流通业发展对制造业效率提升有显著促进作用，而且在东部地区，流通业发展是制造业效率提升最为重要的因素；但中西部地区流通业发展对制造业效率提升作用不明显。

（3）从行业层面看，交通运输仓储和邮政业对制造业效率具有显著促进作用，而批发零售住宿和餐饮业对制造业效率的促进作用不明显。此外，实证结果还表明，无论是从区域层面还是从行业层面，资本有机构成和人力资本均是制造业效率提升的重要因素；外商直接投资对制造业效率也具有正向促进作用；而市场化对制造业效率的作用不显著。

当前，在全球竞争背景下我国制造业正面临发展创新和转型升级问题。为更好地发挥流通业对制造业效率提升的作用，促进我国制造业发展升级，基于本章的研究结论，可以得到如下政策启示。

（1）改变传统观念，从生产和流通的产业关联视角，重新定位流通业对制造业发展升级的作用。尽管流通业作为国民经济中的基础产业，对制造业等其他产业的中介、服务功能已经得到广泛认同，但长期以来，流通业和制造业的关系，特别是流通业在扩展产业链、提高生产效率、增加产业附加值等方面的作用还没有得到足够重视，在关注和强调服务业推动制造业转型升级的同时，往往忽视了流通业在制造业发展和升级中的作用。流通业和制造业的关联还处于较低水平，制约了流通业对制造业效率提升和升级作用的发挥。因此，要改变传统观念，从流通业和制造业的产业关联视角，确立流通业发展促进制造业升级的战略，更好地推动流通业发展从而促进我国制造业升级。

（2）深化社会分工，提高流通业专业化社会化水平。目前我国社会分工体系相对滞后，制造业多数仍采用"大而全""小而全"的生产组织模式。与此同时，流通业内部分工与协作水平也较低，现代物流业发展相对滞后，传统批发业相对萎缩，零售商业低水平过度竞争，这些都制约流通业对制造业效率提升作用的发挥。因此，要深化社会分工体系，推动制造业"主辅分离"，将内置商贸服务外部化、市场化、社会化，以核心竞争优势整合配套相关商贸企业的服务供给功能，发挥现代流通业在制造业生产经营中的作用。同时，要大力发展现代物流和现代批发业，提升零售商业发展水平，形成物流、批发、零售等各行业主体间明确的分工体系，促进资源信息和技术共享，强化专业化分工优势和规模经济优势，增强服务水平和供给能力，为促进制造业发展和效率提升创造条件。

（3）优化产业布局，大力推进中西部地区流通产业发展。经济相对落后的中西部地区流通业规模水平和发展层次还相对较低，制约了流通业对制造业效率提升的促进作用。因此，在加快流通业发展过程中，要进一步优化流通产业布局，大力推动中西部地区流通产业的发展。具体而言，要加强政策和资金支持力度，加大对中西部地区流通业的投入力度，尤其要加强对流通基础设施建设、专业人才队伍建设以及市场体系和市场组织建设等方面的投入，引导和鼓励更多资源和要素流入中西部地区，促进这些地区流通业规模水平和专业化水平的提高。通过加大对中西部地区的支持力度，推动中西部地区流通业的发展，促进这些地区流通业对制造业产生积极的外溢作用。

9 我国流通业与制造业的产业关联研究

9.1 引言和相关文献述评

随着经济的发展和分工的深化,服务业凭借其"黏合剂"的功能在经济社会发展中的作用日益显著。服务经济的发展改变了社会经济结构和传统制造业的发展模式,使得制造业的发展和竞争优势的提高越来越依赖于专业化、社会化的服务投入。流通服务贯穿于生产过程的各个环节,为生产链的顺利运行以及生产和消费的有效衔接提供了保障,已经成为提高制造业效率和竞争力的重要来源。流通业的良性发展及其与制造业的融合互动有利于制造业发展升级。2010 年我国制造业总量已位居世界第一,成为世界制造大国。但长期以来,我国制造业一直面临大而不强的问题。以 OEM 为主的生产方式,使得我国制造企业只具有价值链低端的加工制造能力,缺乏产品设计和研发优势,缺乏技术创新能力和自主知识产权的知名品牌,从而使制造业的发展升级面临严重挑战。随着近年来我国进入经济增速放缓和经济结构性调整的新阶段,制造业转型升级的压力更加迫切。在我国制造业发展升级的关键时期,归纳我国制造业与流通业的产业关联特征,探讨不同经济发展阶段制造业与流通业的互动关系与发展态势,对于深入把握我国流通业的发展水平以及流通业与制造业的互动发展状况,从而有效推动流通业的发展和促进制造业的升级具有重要意义。

现有研究主要从以下两方面展开。首先从理论层面看,主要是从分工和专业化理论(Grubel 和 Walker,1989;Francois 等,1996)、价值链理论(Grossman 和 Helpman,2005;Yang 和 Yu,2007)、产业国际竞争力理论(Guerrieri 和 Meliciani,2005;Wolfmayr,2008)等视角分析论证了随着分工深化、生产专业化和生产迂回程度的增加,服务的中间需求不断增加,衍生出更多物流运输、采购销售等中间服务需求,从而促进了商贸流通业的发展;而商贸流通业的发展也有利于制造企业关注价值链核心环节,最终提高制造业效率和竞争力。其次从实证层面看,主要是利用投入产出分析法、灰色关联理论等研究流通业与制造业的产业关联。刘向东和石杰慎(2009)运用投入产出法分析认为,我国流通业在工业化发展中具有明显的生产性服务业的产业特征,流通业承担着商品流通渠道、服务工业发展的功能。袁建文（2009）对广东省流通产业的实证研究表明，流通产业与工业之间存在着较强的关联性，流通业对工业发展有着较大的带动作用。曹静（2010）运用典型相关分析研究表明，流通产业对工业部门存在较强的拉动作用。刘书瀚等（2010）运用投入产出法分析表明，交通运输及仓储业、批发零售业等行业与制造业的发展具有很强的关联效应。司增绰和苗建军（2011）运用投入产出模型研究认为，商贸流通业作为基础性产业和生产性服务业的特征明显，制造业对流通业具有较强的依赖度。胡永仕和王健（2011）实证研究了福建省流通产业与国民经济各部门的产业关联及波及效应，结果表明，流通业与第二产业具有较强的关联，流通业能够有效带动第二产业的发展。赵霞（2012）基于投入产出法分析了我国流通业与制造业产业关联的互动特征并进行了动态比较，研究表明，流通业对制造业的后向拉动作用强于其对制造业的支撑作用，且两者都有增强趋势。李蕊（2013）基于投入产出法和产业关联分析的研究表明，我国流通业与制造业具有较高的产业关联度，并且关联效应在不断加强。

上述研究对制造业与流通业的互动关系进行了有益的探索，对于更好地认识流通业与制造业的关联关系和互动状况具有很好的理论和实践价值。然而，现有文献还没有系统研究经济发展不同阶段流通业的发展特征、流通业的需求结构及流通业与制造业互动关系的动态演变特征，以及不同类型制造行业与流通业互动关系的差异性。基于此，本章拟选择我国 1997 年、2002 年、2007 年的投入产出数据，系统地从流通业的发展水平、制造业对流通业的中间需求和流通业对制造业的中间投入、流通业与制造业的感应度系数和影响力系数等方面，归纳我国制造业与流通业的产业关联特征，探讨在不同经济发展阶段制造业与流通业的互动关系和发展态势，以期为更好地推动流通业与制造业的互动融合，推动流通业发展和促进制造业升级提供一些启示。本章的结构安排如下：9.2 节对投入产出分析方法以及相关指标、数据的选取予以说明；9.3 节是流通业和制造业产业关联的实证结果分析；9.4 节是研究结论和政策建议。

9.2 方法与数据说明

9.2.1 投入产出法与相关指标

投入产出分析法最早由美国经济学家里昂惕夫提出，是一种研究经济系统中各个部门之间投入产出关系的经济数量分析方法。运用投入产出分析，可以把国民经济看成一个有机整体，并从整体出发，综合研究各个具体部门之间的数量关系（技术经济联系）。在投入产出分析中，通常是用投入产出模型中的一些指标和系数,对投入产出中各种指标和系数进行测度,一方面可以反映一定技术和生产组织条件下,国民经济各部门之间的技术经济联系,另一方面可以体现社会总产品、中间产品和最终产品之间的数量联系。完整的价值型投入产出表包括中间使用、最终使用、中间投入和增加值四部分。利用投入产出表,可以分析产业的产出规模、发展速度以及与其他产业的关联性质等内容。本章选取如下指标来对我国流通业和制造业之间的产业关联进行分析。

(1) 增加值 (m_i),反映 i 产业的产业规模和发展水平。

(2) 中间需求率 (H_i),指国民经济各产业对某一产业的中间需求之和与该产业的总需求之比。计算公式为:

$$H_i = \frac{\sum_{j=1}^{n} x_{ij}}{\sum_{j=1}^{n} x_{ij} + Y_i}, i = 1,2,\cdots,n \tag{9.1}$$

其中: $\sum_{j=1}^{n} x_{ij}$ 、 Y_i 分别为国民经济各行业对第 i 产业产品的中间需求量和最终需求量。该指标反映了某一产业部门的总产品中有多少作为其他产业所需求的原料。一个产业的中间需求率越高,说明该产业越具有中间产品的性质,产业的发展越依靠中间需求;而中间需求率越低,则说明该产业的发展越依靠最终需求。在不考虑进出口的情况下,由于任何产品不是作为中间产品就是作为最终产品,因此中间需求率 + 最终需求率 = 1。

(3) 中间投入率 (F_j),指某一产业部门在其生产过程中的中间投入与总投入之比。计算公式为:

$$F_j = \frac{\sum_{i=1}^{n} x_{ij}}{\sum_{i=1}^{n} x_{ij} + N_j}, j = 1,2,\cdots,n \tag{9.2}$$

其中: $\sum_{i=1}^{n} x_{ij}$ 、 N_j 分别代表国民经济中第 j 产业的中间投入和增加值。该指标反映各产业在其生产过程中,为生产单位产值的产品需要从其他产业购进的原料所占的比重。某产业的中间投入 = 该产业的中间产品投入 + 增加值(劳动者报酬、生产税净额、折旧、营业盈余),并且,中间投入率 + 附加值率 = 1。某一产业的中间投入率越高,说明该产业的附加值率越低,该产业就是"低附加值、高带动能力"产业;反之,则是"高附加值、低带动能力"产业。

(4) 感应度系数 (S_i),指国民经济各部门都增加一个单位的最终产品时,某一部门由此受到的需求感应程度。计算公式为:

$$S_i = \frac{\frac{1}{n}\sum_{j=1}^{n}A_{ij}}{\frac{1}{n^2}\sum_{i=1}^{n}\sum_{j=1}^{n}A_{ij}}, i,j = 1,2,\cdots,n \qquad (9.3)$$

其中：A_{ij} 为里昂惕夫逆矩阵 $(I-A)^{-1}$ 中的第 i 行第 j 列的系数。$S_i > 1$，表明各部门的生产使该部门受到的感应程度高于社会平均水平；反之，则表明该部门受到的感应程度低于社会平均水平。感应度系数越大的行业，表明国民经济各部门对该产业的拉动作用越大。

（5）影响力系数（T_j），反映国民经济某一部门增加一个单位的最终需求时，对各部门所产生的需求波及程度。计算公式为：

$$T_j = \frac{\frac{1}{n}\sum_{i=1}^{n}A_{ij}}{\frac{1}{n^2}\sum_{i=1}^{n}\sum_{j=1}^{n}A_{ij}}, i,j = 1,2,\cdots,n \qquad (9.4)$$

其中：A_{ij} 为里昂惕夫逆矩阵 $(I-A)^{-1}$ 中的第 i 行第 j 列的系数。$T_j > 1$，表明该部门产出的增加对其他部门产出的影响程度高于社会平均水平；反之，则表明该部门对其他部门的影响程度低于社会平均水平。影响力系数越大的行业，表明该产业对国民经济其他部门的拉动作用越大。

9.2.2 数据说明

我国正式发布的投入产出表共有五张，分别为 1987 年、1992 年、1997 年、2002 年、2007 年表[①]，其中 1997 年、2002 年和 2007 年投入产出表中的数据较新且行业分类较全，因此本章采用这三张表来分析流通业与制造业的产业关联。由于 1997 年投入产出表包括 40 个部门，2002 年和 2007 年投入产出表分别包括 42 个部门，各年投入产出表的统计口径存在一些细微差别，因此有必要按照本书对相关产业的行业界定对相关数据进行归并。流通业的统计口径为交通运输仓储业及邮政业、批发零售及住宿餐饮业这两大类行业；制造业的统计口径为第二产业中去除采掘业、建筑业、电力、热力及水的生产供应业以外的行业。在投入产出表中共包括 16 个细分行业，具体包括：食品制造及烟草加工业、纺织业、服装皮革羽绒及其制品业、木材加工及家具制造业、造纸印刷及文教体育用品制造业、石油加工炼焦及核燃料工业、化学工业、非金属矿物制品业、金属冶炼及压

---

① 我国每逢 2、7 年编制投入产出表，由于投入产出表的汇总和整理有 3 年左右的滞后，因此，2007 年数据是目前可得的最新数据。由于投入产出关系反映的是产业间的技术经济联系，产业间的技术经济联系演变相对缓慢，而且就产业本身而言，其投入产出性质变化也相对缓慢，因此，使用 2007 年投入产出数据分析产业间技术经济联系是可以接受的。

延加工业、金属制品业、通用专用设备制造业、交通运输设备制造业、电气机械及器材制造业、通信设备计算机及其他电子设备制造业、仪器仪表及文化办公用机械制造业、工艺品及其他制造业。在对产业进行整体研究时，分别是相关细分行业基本流量数据的合并；在对细分行业进行研究时，各细分行业均单独统计。各年投入产出原始表来自中国投入产出学会的公开数据，基本流量数据均按当年价格计算。

9.3 流通业和制造业的产业关联分析

本节从流通业的发展水平、三次产业及主要部门对流通业的中间需求、制造业整体及细分行业对流通业的中间需求、流通业细分行业对制造业整体和内部各行业的中间投入、制造业和流通业的感应度系数和影响力系数等方面来具体分析两个产业间的关联效应，并进一步分析产生这一现状的原因。

9.3.1 流通业发展水平

这里首先从流通业增加值在国民经济中的比重及流通业的中间投入率（见表9.1）对我国流通业发展现状进行分析。根据表9.1，1997—2007年，我国流通业在国民经济中所占比重呈现先上升后下降趋势，总体而言，流通业在GDP中所占比重波动不大，基本稳定在14%左右，表明流通业在整个国民经济中的地位相对稳定。但流通业在第三产业中所占比重一直处于下降趋势，从1997年的48.52%下降到2007年的36.82%。可能是因为第三产业中的金融保险、信息服务、科技服务、商务服务等现代服务业迅速崛起，在服务业中的比重不断上升，导致流通业的比重相对下降。尽管如此，流通业在整个第三产业中的比重仍然达到1/3以上，可见流通业仍然是第三产业的重要组成部分，在第三产业中具有重要的地位。而且，随着传统流通业向现代流通业转型，特别是现代物流、电子商务的迅猛发展以及传统的批发零售商业的转型升级，可以预期流通业在第三产业中的地位和作用将更加重要。

根据中间投入率的定义，可以把中间投入率大于0.5的行业称为"低附加值、高带动型"行业；把中间投入率小于0.5的产业称为"高附加值、低带动型"行业。根据表9.1，从中间投入率来看，流通业的中间投入率在1997年小于0.5，属于"高附加值、低带动型"产业；2002年和2007年，流通业的中间投入率均大于0.5，属于"低附加值、高带动型"产业。可见，我国流通业正在从"高附加值、低带动型"向"低附加值、高带动型"转变，表明随着经济发展、分工深化和专业化程度的提高，经济部门之间的联系更加紧密，目前流通业的发展更多地带动了相关原材料、投入品产业的发展。

表 9.1　流通业增加值在国民经济中的比重及中间投入率

年份	增加值（亿元）	增加值比重（%）		中间投入（亿元）	中间投入率（%）
		占服务业	占 GDP		
1997	10 359.6	0.485 2	0.136 8	9 964.4	0.490 3
2002	19 201.6	0.383 1	0.157 6	19 695.8	0.506 4
2007	37 882.0	0.368 2	0.142 4	38 196.8	0.502 1

资料来源：根据1997、2002和2007年中国投入产出表计算整理。

9.3.2　三次产业及主要部门对流通业的中间需求分析

流通业的中间需求状况及其分解见表 9.2，下面根据表 9.2 对流通业的中间需求及其结构进行分析。由于任何产品不是作为中间产品就是作为最终产品，一般把中间需求率大于 0.5 的产业定义为生产性服务业，把中间需求率小于 0.5 的产业定义为消费性服务业。根据表 9.2，1997、2002、2007 年我国流通业的中间需求率分别为 0.691 3、0.644 1、0.635 4，均大于 0.5，表明这三年我国流通业的发展更多地以满足中间需求为主，流通业具有较为明显的中间产品型产业[①]性质，反映了流通业更多地发挥着生产性服务业的功能。这也与我国工业化快速发展阶段各产业部门中间需求与中间投入比重较大的结构特征相吻合。从时间趋势上看，流通业的中间需求率有所下降，表明流通业服务最终消费的功能在不断增强。但总体上看，目前我国流通业的中间需求还处于较高水平，表明中间生产需求仍是流通业发展的主要动力。

下面根据表 9.2 进一步分析流通业的中间需求结构。三次产业中，各年第一产业对流通业的中间需求率都非常小，并且呈不断下降趋势。第二产业对流通业的中间需求最高，1997 年、2002 年、2007 年中间需求率分别为 0.456 2，0.396 9，0.404 9，说明这三年我国流通业主要为第二产业提供服务；但从动态趋势看，第二产业对流通业的中间需求略有下降。第三产业对流通业的中间需求率也较高，尽管在此期间略有波动，但总体呈微弱上升趋势，表明随着经济发展和服务业在国民经济中的比重不断提高，第三产业对流通业的中间需求日益增加。总体上看，第二产业对流通业的中间需求率远远大于第三产业，可见我国流通业仍然以服务生产部门

---

① 根据钱纳里等的产业划分方法，按照中间投入率和中间需求率的差异，以高于或低于 0.5 为标准，可以把各产业部门划分为四种不同类型：第 I 类产业是为其他产业提供产品或服务的中间产品型基础产业，即中间需求率 >0.5，中间投入率 <0.5；第 II 类产业是自身对原材料投入存在需求同时产品被各产业广泛需求的中间产品型产业，即中间需求率 >0.5，中间投入率 >0.5；第 III 类产业是处于产业链下游的最终需求型产业，即中间需求率 <0.5，中间投入率 >0.5；第 IV 类产业是较少需要中间投入并且大部分产品或服务用于最终消费的最终需求型基础产业，即中间需求率 <0.5，中间投入率 <0.5。

为主。但随着经济的发展和经济结构的调整，服务经济在国民经济中的地位逐渐凸显，消费水平不断提高，服务业及最终需求对流通业的推动将日益增加。

在第二产业中，制造业对流通业的中间需求占据绝对主导地位，采掘业、电煤水生产和供应、建筑业对流通业的中间需求很小。可见，制造业是第二产业中流通业中间需求的主要部门。但是，制造业对流通业的中间需求呈现明显的下降趋势，从 1997 年的 0.341 2 下降到 2007 年的 0.281 6。这与我国制造企业普遍采取"大而全、小而全"的企业组织模式有关，企业内部自设采购、库存、储运、销售机构导致对于专业化社会化的商贸流通服务需求不足。据统计，历年社会消费品零售总额和工业生产资料投资品销售总额中，工业企业平均自采自销的比重高达 70%；在社会总产品中，工业生产资料占 75%，工业品物流总值占社会物流总值的 90% 以上，工业产品的市场流通绝大部分是在工业企业之间直接进行的（中国社科院课题组，2012）。商贸流通服务内部化使得专业化社会化商贸服务需求不足，限制了流通业的发展，也使得制造业升级的动力不足。

表 9.2　三次产业及主要部门对流通业的中间需求及中间需求率

产业及部门	中间需求（亿元）			中间需求率		
	1997 年	2002 年	2007 年	1997 年	2002 年	2007 年
全部产业	14 049.8	25 052.2	48 340.1	0.691 3	0.644 1	0.635 4
第一产业	741.3	1 411.0	1 649.2	0.036 5	0.036 3	0.021 7
第二产业	9 271.9	15 437.1	30 802.2	0.456 2	0.396 9	0.404 9
采掘业	504.7	699.3	1 870.3	0.024 8	0.018 0	0.024 6
制造业	6 934.9	11 339.9	21 421.2	0.341 2	0.291 5	0.281 6
电煤水生产和供应	363.5	718.2	750.6	0.017 9	0.018 5	0.010 0
建筑业	1 468.8	2 679.7	6 760.1	0.072 3	0.068 9	0.090 0
第三产业	4 036.5	8 204.2	15 888.7	0.198 6	0.210 9	0.208 8

资料来源：根据 1997 年、2002 年和 2007 年中国投入产出表计算整理。

9.3.3　制造业整体及分行业对流通业的中间需求分析

制造业是流通业中间需求的主要消耗部门，表 9.3 进一步列出了制造业整体及分行业的流通业中间需求率。可以看出，制造业对交通运输仓储及邮政业的中间需求率有所下降，从 1997 年的 0.336 9 下降到 2007 年的 0.311，但总体上看，制造业对交通运输仓储等物流业的中间需求呈现相对稳定的状态。由于分工深化、生产专业化和生产迂回程度的增加，衍生出很多交通运输、仓储物流等中间服务需求，这些都需要强大的物流运输服务体系，因而制造业对交通运输仓储等为代表的物流业的中间需求较大。制造业对物流业的中间需求在物流业总需求中所占比重较大，表明物流业对制造业具有较强的中间依赖，制造业是推动我国物流业发展的主要动力。根据表 9.3 还可以看出，制造业对批发零售及住宿餐饮业的中间需求率显著下降，从 1997 年的 0.343 5 下降到 2007 年的 0.259 7。制造业对批发网络、销售渠道等的中间需求显著下降，可能与我国制造企业往往倾向于自建批发销售渠道有关，这导致对专业化社会化批发零售贸易服务的中间需求大幅下降。

在制造业内部，以 0.02，0.01 的中间需求率为分界，可以粗略地将表 9.3 中的 16 个制造业细分行业按照其对交通运输仓储及邮政业的中间需求率分为大、中、小三组。其中，中间需求率较大的组中包括化学工业、金属冶炼及压延工业、非金属矿物制品业、通用专用设备制造业、食品制造及烟草加工业，反映出这五个行业是交通运输仓储及邮政业中间需求的主要消耗部门；并且在这些行业中，通用专用设备制造业、食品制造及烟草加工业对交通运输仓储及邮政业的中间需求率不断增加。交通运输仓储及邮政业中间需求率居中的行业是金属制品业、交通运输设备制造业、石油加工炼焦及核燃料工业、电气机械及器材制造业、纺织业、通信设备电子计算机及其他电子设备制造业、造纸印刷及文教体育用品制造业、服装皮革羽绒及其制品业、木材加工及家具制造业。在这九个行业中，交通运输设备制造业、通信设备电子计算机及其他电子设备制造业、服装皮革羽绒及其制品业的中间需求率持续递增。中间需求率较小的行业是仪器仪表及文化办公用机械制造业、工艺品及其他制造业两个行业，其中仪器仪表及文化办公用机械制造业的中间需求率变化不大，工艺品及其他制造业的中间需求率下降显著。

同样，以 0.02，0.01 的中间需求率为界，按照制造业细分行业对批发零售住宿及餐饮业的中间需求率分为大、中、小三组。其中，中间需求率较大的行业是化学工业、食品制造及烟草加工业、金属冶炼及压延加工业、通用专用设备制造业、通信设备计算机及其他电子设备制造业，反映出这些行业对批发零售住宿及餐饮业的中间需求较大；并且在这五个行业中，通用专用设备制造业、通信设备计算机及其他电子设备制造业的中间需求率持续增加。中间需求率居中的行业有非金属矿物制品业、纺织业、交通运输设备制造业、电气机械及器材制造业、服装皮革羽绒及其制品业、造纸印刷及文教体育用品制造业、金属制品业七个行业，其中，交通运输设备制造业的中间需求率持续增加。中间需求率较小的行业是仪器仪表及文化办公用机械制造业、工艺品及其他制造业、石油加工炼焦及核燃料工业、木材加工及家具制造业四个行业，其中木材加工及家具制造业中间需求率持续下降。

表 9.3 制造业整体及分行业对流通业的中间需求率

行业	交通运输仓储及邮政业			批发零售住宿及餐饮业		
	1997 年	2002 年	2007 年	1997 年	2002 年	2007 年
食品制造及烟草加工业	0.024 5	0.026 7	0.034 4	0.041 8	0.031 9	0.028 1
纺织业	0.018 0	0.012 0	0.013 4	0.034 8	0.019 0	0.010 1
服装皮革羽绒及其制品业	0.010 6	0.010 8	0.012 1	0.025 2	0.016 6	0.008 2
木材加工及家具制造业	0.008 1	0.012 6	0.010 5	0.012 1	0.009 0	0.006 3
造纸印刷及文教体育用品制造业	0.011 1	0.016 9	0.010 4	0.020 2	0.018 8	0.008 9
石油加工、炼焦及核燃料工业	0.012 2	0.018 7	0.016 0	0.008 5	0.007 9	0.008 0
化学工业	0.050 1	0.048 9	0.048 0	0.048 7	0.038 2	0.030 7
非金属矿物制品业	0.052 7	0.023 2	0.027 9	0.037 8	0.013 5	0.014 3
金属冶炼及压延加工业	0.040 4	0.044 9	0.039 8	0.019 8	0.026 6	0.026 3
金属制品业	0.028 9	0.014 8	0.011 1	0.014 5	0.010 5	0.012 0
通用、专用设备制造业	0.028 1	0.028 8	0.029 1	0.019 9	0.024 6	0.027 0
交通运输设备制造业	0.014 8	0.015 2	0.017 0	0.012 2	0.016 4	0.024 6
电气机械及器材制造业	0.014 9	0.014 4	0.017 1	0.018 7	0.015 4	0.018 1
通信设备、计算机及其他电子设备制造业	0.008 4	0.016 0	0.016 5	0.016 2	0.022 9	0.029 1
仪器仪表及文化办公用机械制造业	0.002 9	0.003 2	0.002 7	0.002 6	0.003 1	0.003 3
工艺品及其他制造业	0.009 4	0.003 9	0.004 3	0.000 9	0.005 6	0.003 8
制造业	0.336 9	0.311 0	0.311 0	0.343 5	0.279 8	0.259 7

资料来源：根据 1997 年、2002 年和 2007 年中国投入产出表计算整理。

  下面进一步分析不同类型制造业对流通业的中间需求率。根据现有研究及制造业的产业特征，这里将投入产出表中制造业划分为劳动密集型、资本密集型、技术密集型行业①。根据制造业细分行业中间需求率的计算结果，按该行业在所属类型中的产出权重加权，得到不同类型制造业的流通业中间需求率，结果见表9.4。可以看出，不同类型制造业对流通业的中间需求结构存在一定的差异。资本密集型、技术密集型行业对交通运输仓储及邮政业的中间需求较大，劳动密集型行业对交通运输仓储及邮政业的中间需求较小。这反映出资本和技术密集型制

---

  ① 劳动密集型行业包括食品制造及烟草加工业、纺织业、服装皮革羽绒及其制品业、木材加工及家具制造业、造纸印刷及文教体育用品制造业、工艺品及其他制造业六个行业；资本密集型行业包括石油化工炼焦及核燃料工业、非金属矿物制品业、金属冶炼及压延加工业、金属制品业、通用专用设备制造业、仪器仪表及文化办公用机械制造业六个行业；技术密集型行业包括化学工业、交通运输设备制造业、电气机械及器材制造业、通信设备计算机及其他电子设备制造业四个行业。

造业的生产过程和行业特征使其对运输仓储、物流配送等服务的中间需求较大，而传统的劳动密集型制造业对运输物流服务的中间需求相对较小，但也在不断增加。技术密集型、劳动密集型行业对批发零售住宿及餐饮业的中间需求相对较大，但有逐步下降的趋势；资本密集型行业对批发零售住宿及餐饮业的中间需求较为稳定。这表明无论是产品差异化程度较大、技术含量较高的技术密集型行业，还是产品同质化程度较高、技术含量较低的劳动密集型行业，销售渠道的重要性使得对批发零售等销售服务的中间需求均较大，而产品差异化程度和技术含量居中的资本密集型行业对批发销售服务也表现了较大的需求。

表 9.4　不同类型制造业对流通业的中间需求率

行业	交通运输仓储及邮政业			批发零售住宿及餐饮业		
	1997 年	2002 年	2007 年	1997 年	2002 年	2007 年
劳动密集型行业	0.017 4	0.017 4	0.019 6	0.031 1	0.021 4	0.015 4
资本密集型行业	0.035 5	0.029 4	0.028 6	0.022 4	0.019 2	0.020 4
技术密集型行业	0.031 1	0.029 5	0.028 6	0.032 0	0.027 1	0.016 5

资料来源：根据1997年、2002年和2007年中国投入产出表计算整理。

9.3.4　流通业对制造业的中间投入分析

表 9.5 列出了流通业细分行业对制造业整体及分行业的中间投入率。从流通业细分行业对制造业的中间投入率来看，交通运输仓储及邮政业对制造业的中间投入率明显上升，从 1997 年的 0.018 8 上升到 2007 年的 0.023 1，表明外部专业化社会化的物流服务投入在制造业总投入中的比重有所增加。制造业的运输物流服务投入主要体现在原料及产品的采购、仓储、运输、包装、装卸等环节，主要反映制造企业利用外部市场化的物流运输服务的程度。根据表 9.5，批发零售及住宿餐饮业对制造业的中间投入率大幅下降，从 1997 年的 0.032 7 下降到 2007 年的 0.017 6，表明外部批发零售贸易服务对制造业的中间投入显著下降。制造业的批发零售服务投入主要体现在产品批发体系、销售渠道的使用上，反映出制造企业利用外部批发零售网络等商业服务的程度。制造业的批发零售服务投入呈现大幅下降趋势，这也与目前我国制造企业普遍倾向于自建批发网络、销售渠道的现状相符合。总体而言，我国制造业的商贸服务中间投入率还很小，服务社会化发展水平还处于较低层次，因此，深化社会化分工，促进制造业商贸服务需求的社会化、专业化和市场化，是推动制造业发展的关键。

在制造业内部，以 0.01，0.005 的中间投入率为界，把交通运输仓储及邮政业对制造业分行业的中间投入率粗略划分为大、中、小三组。其中，较大的中间投入率组内包括石油加工炼焦及核燃料工业、交通运输设备制造业、通用专用设备制造业三个行业。中等的中间投入率组包括仪器仪表及文化办公用机械制造业、造纸印刷及文教体育用品制造业、服装皮革羽绒及其制品业、化学工业、金属制品业、工艺品及其他制造业六个行业。较小的中间投入率组包括纺织业、金属冶炼及压延工业、非金属矿物制品业、电气机械及器材制造业、木材加工及家具制造业、通信设备计算机及其他电子设备制造业、食品制造及烟草加工业七个行业。总体而言，交通运输仓储及邮政业的中间投入主要集中于石油加工、交通运输设备制造、通用专用设备制造等资本、技术密集型行业，除了高中间投入率组别外，其他制造业的交通运输仓储及邮政业的中间投入率均较小，表明这些制造业并不显著依赖交通运输仓储及邮政业的投入。

以 0.03，0.02 的中间投入率为界，把批发零售住宿及餐饮业对制造业分行业的中间投入率划分为大、中、小三组。其中，中间投入率较大的行业包括食品制造及烟草加工业、造纸印刷及文教体育用品制造业、交通运输设备制造业、电气机械及器材制造业、石油加工炼焦及核燃料工业五个行业。中间投入率居中的行业包括服装皮革羽绒及其制品业、木材加工及家具制造业、通信设备计算机及其他电子设备制造业三个行业。中间投入率较小的行业是金属冶炼及压延工业、纺织业、非金属矿物制品业、金属制品业、仪器仪表及文化办公用机械制造业、工艺品及其他制造业、通用专用设备制造业、化学工业八个行业。总体上看，批发零售贸易对制造业的中间投入主要集中在食品制造及烟草加工业、造纸印刷及文教体育用品制造业，表明这两类行业对销售渠道的投入在总投入中所占的比重较大。

表9.5　流通业对制造业整体及分行业的中间投入率

行业	交通运输仓储及邮政业			批发零售住宿及餐饮业		
	1997 年	2002 年	2007 年	1997 年	2002 年	2007 年
食品制造及烟草加工业	0.003 0	0.002 5	0.005 8	0.070 2	0.125 0	0.109 9
纺织业	0.001 1	0.001 9	0.001 5	0.008 3	0.002 2	0.004 9
服装皮革羽绒及其制品业	0.005 9	0.006 8	0.011 4	0.018 7	0.028 0	0.019 9
木材加工及家具制造业	0.009 0	0.004 4	0.003 3	0.047 3	0.024 5	0.013 3
造纸印刷及文教体育用品制造业	0.017 6	0.015 3	0.007 1	0.079 6	0.090 5	0.038 5
石油加工、炼焦及核燃料工业	0.179 9	0.294 6	0.281 5	0.055 1	0.043 3	0.010 4
化学工业	0.007 1	0.006 6	0.006 8	0.016 1	0.018 5	0.007 4
非金属矿物制品业	0.003 3	0.004 4	0.002 4	0.012 2	0.006 9	0.001 5
金属冶炼及压延加工业	0.002 7	0.003 4	0.001 9	0.007 3	0.000 7	0.000 3

行业	交通运输仓储及邮政业			批发零售住宿及餐饮业		
	1997 年	2002 年	2007 年	1997 年	2002 年	2007 年
金属制品业	0.004 4	0.005 1	0.006 3	0.011 7	0.011 1	0.002 2
通用、专用设备制造业	0.021 0	0.027 6	0.016 6	0.022 9	0.021 9	0.002 7
交通运输设备制造业	0.064 2	0.099 7	0.065 8	0.055 3	0.054 9	0.016 4
电气机械及器材制造业	0.037 0	0.007 2	0.003 0	0.061 7	0.040 3	0.014 8
通信设备、计算机及其他电子设备制造业	0.012 5	0.003 8	0.002 2	0.041 9	0.023 5	0.004 5
仪器仪表及文化办公用机械制造业	0.042 9	0.013 1	0.008 4	0.036 3	0.012 1	0.002 9
工艺品及其他制造业	0.009 1	0.009 4	0.000 5	0.033 1	0.022 0	0.000 6
制造业	0.018 8	0.026 2	0.023 1	0.032 7	0.035 1	0.017 6

资料来源：根据1997年、2002年和2007年中国投入产出表计算整理。

　　流通业对不同类型制造业中间投入率的具体计算结果见表9.6。可以看出，交通运输仓储及邮政业对资本密集型行业的中间投入率最大，对技术密集型行业的中间投入率次之，对劳动密集型行业的中间投入率最小。反映了交通运输仓储及邮政业对资本密集型行业的支撑作用最大、对技术密集型行业的支撑作用次之，对劳动密集型行业的支撑作用最小。而批发零售住宿及餐饮业对劳动密集型行业的中间投入率最大，对技术密集型行业的中间投入率居中，对资本密集型行业的中间投入率最小。这表明批发零售等商业服务对劳动密集型行业的支撑作用最大，原因可能在于劳动密集型产业的同质化程度较高，技术含量较低，市场竞争激烈，需要广泛的销售网络和渠道，因而制造企业对销售渠道具有较大的依赖性。而产品同质化程度较低、技术含量较高的技术密集型行业、资本密集型行业对销售渠道的依赖性相对较小，且有显著下降的趋势。

表9.6　流通业对不同类型制造业的中间投入率

行业	交通运输仓储及邮政业			批发零售住宿及餐饮业		
	1997 年	2002 年	2007 年	1997 年	2002 年	2007 年
劳动密集型行业	0.005 4	0.005 5	0.005 5	0.044 4	0.064 6	0.049 6
资本密集型行业	0.024 9	0.047 6	0.041 3	0.018 2	0.014 2	0.002 5
技术密集型行业	0.041 1	0.023 4	0.017 0	0.035 1	0.029 6	0.009 7

资料来源：根据1997年、2002年和2007年中国投入产出表计算整理。

9.3.5　流通业与制造业的感应度系数和影响力系数分析

　　本章分别测算了各年制造业、流通业的感应度系数和影响力系数，并对各系数进行了分解,结果见表 9.7。从感应度和影响力系数看,制造业感应度系数和影响力系数均大于 1,说明制造业不仅受国民经济其他产业部门中间需求影响较大,而且对其他产业部门也具有较强的推动作用,可见制造业在我国经济发展中居于主导地位。流通业的感应度系数和影响力系数均小于 1,并且影响力系数大于感应度系数,说明我国流通业受国民经济其他产业部门的中间需求拉动作用还比较有限,但流通业对其他产业部门的推动作用大于其受到的其他产业的拉动作用。从流通业对制造业的感应度系数和影响力系数看,流通业对制造业的影响力系数远大于其对制造业的感应度系数,说明流通业对制造业的促进作用大于制造业对流通业的拉动作用。从产业发展影响因素看,制造业自我累积作用很强,各年制造业对自身发展的作用程度基本在 80% ~ 90%;流通业的自我累积作用较弱,基本在 30% ~ 40%。总体上看,在影响流通业和制造业产业发展的因素中,产业自身的作用占据主导地位,产业间相互影响的作用比较微弱。

表 9.7 流通业与制造业的感应度系数和影响力系数及其分解

感应度系数	1997 年	2002 年	2007 年	影响力系数	1997 年	2002 年	2007 年
制造业感应度系数	1.528 2	1.442 9	1.587 5	制造业影响力系数	1.185 5	1.187 8	1.217 8
来自制造业	0.907 3	0.875 6	0.917 5	来自制造业	0.907 3	0.875 6	0.917 5
来自流通业	0.306 5	0.274 1	0.313 5	来自流通业	0.084 7	0.095 2	0.069 3
来自其他产业	0.314 5	0.293 1	0.356 4	来自其他产业	0.193 5	0.217 0	0.231 0
流通业感应度系数	0.633 1	0.624 4	0.524 8	流通业影响力系数	0.919 4	0.898 5	0.864 7
来自制造业	0.084 7	0.095 2	0.069 3	来自制造业	0.306 5	0.274 1	0.313 5
来自流通业	0.483 9	0.460 7	0.396 0	来自流通业	0.483 9	0.460 7	0.396 0
来自其他产业	0.064 5	0.068 5	0.059 4	来自其他产业	0.129 0	0.163 7	0.155 1

资料来源:根据 1997 年、2002 年和 2007 年中国投入产出表计算整理。

9.4 本章结论和启示

本章利用我国 1997、2002、2007 年投入产出数据,从流通业发展水平、制造业对流通业的需求结构、流通业对制造业的投入结构、流通业与制造业的感应度系数和影响力系数的分解等方面分析了我国流通业与制造业的产业关联。主要得到以下结论。

(1) 流通业在国民经济中所占比重较为稳定,但在第三产业内部所占比重呈现下降趋势,流通业发展水平有待进一步提高。

(2) 我国流通业的发展更多地以满足中间需求为主,具有较为明显的中间产品型产业性质，更多地发挥着生产性服务业的功能。第二产业是流通业中间需求的主要部门，其中制造业占据绝对主导地位，第三产业对流通业的中间需求也呈上升趋势。

（3）制造业对流通业的中间需求趋于下降。从中间需求结构看，制造业对交通运输仓储邮政业的中间需求率相对稳定，对批发零售住宿餐饮业的中间需求率显著下降。不同类型制造业对流通业的中间需求结构也存在一定差异，化学工业、金属冶炼及压延工业、非金属矿物制品业等资本、技术密集型行业对交通运输仓储等物流部门的中间需求较大，食品制造及烟草加工业、化学工业、通用专用设备制造业等劳动密集型、技术密集型行业对批发零售等商业部门的中间需求较大但有逐步下降的趋势。这反映出不同行业的生产过程和产品特征直接影响其对服务中间需求的差异；而且制造企业越来越倾向于将批发销售服务内部化，从而导致对外部专业化社会化批发零售贸易服务需求不足。

（4）交通运输仓储邮政业对制造业的中间投入率显著上升，批发零售住宿餐饮业对制造业的中间投入率显著下降，总体而言制造业的流通服务投入水平很低，服务社会化发展水平还处于较低层次。从不同类型制造行业看，交通运输仓储及邮政业对石油加工、交通运输设备制造、通用专业设备制造业等资本、技术密集型行业中间投入率较大，批发零售住宿餐饮业对食品制造及烟草加工业、造纸印刷及文教体育用品制造业等劳动密集型行业的中间投入率较大，表明运输物流服务对资本技术密集型行业具有重要支撑作用，而劳动密集型行业的产品、技术、市场特征决定了批发销售渠道的重要性，使得批发零售贸易服务对劳动密集型行业的中间投入特征更为明显。

（5）从产业波及效果看，制造业不仅受国民经济其他产业部门中间需求影响较大，而且对其他产业部门也具有较强的推动作用。流通业受国民经济其他产业部门的中间需求拉动作用还比较有限，但流通业对其他产业部门的推动作用大于其受到的其他产业的拉动作用。流通业对制造业的促进作用大于制造业对流通业的拉动作用。在影响产业发展的因素中，产业自身的作用占据主导地位，产业间的相互影响比较微弱。

综上所述，我国流通业与制造业存在互动关系，但产业关联效应仍处于较低水平。基于上述研究结论，为促进我国流通业与制造业的互动融合，推动流通业发展和促进制造业升级，可以得到如下政策启示。

（1）提高流通服务供给能力和效率。流通业对制造业的促进作用显著，流通服务在制造业发展升级中具有重要作用。因此，要通过提高流通服务功能和效率，为制造业发展升级提供强大的支撑能力。具体而言，要进一步深化流通体制改革，打破所有制、地区封锁和行业垄断，规范市场环境和秩序，推动建立统一开放、竞争有序的市场和流通体系。加大投入力度，扩大流通业发展规模。加强各种先进流通基础设施和流通技术的推广和应用、构建流通基础和公共服务平台，加强流通信息化和现代化发展水平。整合利用现有资源，鼓励规模大、信誉高、服务质量好的企业，实施跨地区、跨行业兼并重组，促进流通企业规模化、大型化、组织化。通过提高流通业发展水平，促进流通服务专业化、社会化、市场化，降低服务成本，提高服务效率，增强服务供给能力，为促进制造业的发展升级提供支撑。

（2）推动制造业流通服务需求社会化、市场化。制造业是流通业中间需求的主要消耗部门，并且流通业对制造业的依赖程度远大于制造业对流通业的依赖程度。在制造业和流通业的互动发展中，制造业仍然占据主导地位。因此，要积极推动制造业实行"主辅分离"，将企业内置流通服务市场化、社会化。具体而言，政府应不断完善制度设施，尽快在行政环境的透明度、扶持引导政策的有效性、经济机构间的信任和公共机构的诚信、劳动力再就业培训等诸多方面取得卓有成效的进步。另外，要通过放宽市场准入条件、简化登记手续，加强对商贸服务业的宏观管理等政策，建立起有利于竞争的市场环境，以便形成工业企业实施服务外包的强大动力，推动商贸流通业对制造业的支撑和渗透，提高流通业的发展水平，以提高制造业附加值和竞争力，促进制造业升级。

（3）加强流通业与制造业不同行业的分类对接。根据制造业各行业对流通业中间需求和流通业中间投入的差异，提高相应的流通服务供给能力，满足不同制造行业的流通服务需求，重点加强资本技术密集型制造业与物流运输仓储业、劳动密集型制造业与批发零售贸易业的融合与对接，发挥物流运输仓储服务对资本技术密集型制造业、批发零售贸易服务对劳动密集型行业的支撑作用，更好地促进不同类型制造业的发展升级。在制造业集聚发展过程中，有针对性地吸引关联性强的流通企业进入，变单纯的制造业集聚为集成制造与服务功能的产业链集聚。在推动不同类型制造业和流通业的分类对接中，围绕相应的制造业，吸引相关流通服务企业进入，强化流通业的知识、技术等要素对制造业生产经营过程的支撑，推动相关制造业发展升级。

10 流通业中间投入对制造业生产率的影响

10.1 引言和相关文献述评

随着分工的深化和生产的专业化，工业投入服务化趋势日益明显，越来越多的制造企业在生产经营过程中将用于生产最终产品的中间服务（如研发、设计、物流、仓储、市场、销售）外包，利用外部专业化社会化服务投入优化生产结构和提升效率。工业投入服务化的动因不仅在于通过降低成本提高效率来增强竞争力，而且是适应日益复杂多变的市场和竞争环境的重要体现。随着流通业的发展，流通商凭借专业化分工和规模经济优势成为承接制造企业外包物流、仓储、销售等商贸服务的重要主体，通过中间投入参与制造业生产过程，创造与满足制造企业的生产性服务需求，实现了对生产的促进和引导，并对制造业生产效率产生了重要影响。因此，在工业服务化背景下，研究流通业对制造业的中间投入水平、流通业中间投入对制造业生产率的影响以及这种影响在不同类型制造行业可能存在的差异，对于从微观视角认识商贸流通服务在制造业生产过程中的作用，更好地通过流通业发展促进我国制造业升级具有重要的理论和现实意义。

从国外研究看，Riddle（1986）提出包括流通业在内的服务业是促进其他部门增长的过程产业，是经济的"黏合剂"，是便于一切经济交易的产业，是刺激商品生产的推动力。Riddle还把批发零售等商贸流通服务作为生产性服务的重要组成部门，分析了其微观经济绩效和宏观影响。Hansen（1990，1994）也将市场流通服务作为生产性服务，认为生产性服务包括上游的活动（如研发）和下游的活动（如市场），生产性服务业作为商品的生产或其他服务的投入环节发挥着中间功能，对扩展劳动分工、提高劳动生产率等方面具有积极作用。Grubel 和 Walker（1989）指出，生产性服务通过将人力资本和知识资本导入生产过程，能够提高制造业生产过程中的效率以及其他要素的生产率。实证研究方面，Raa 和 Wolff（2001）、Guerrieri 和 Meliciani（2005）、Arnold 等（2006）、Wolfmayr（2008）等分别利用投入产出数据研究表明，服务中间投入能显著提升制造业生产率。国内从宏观视角研究流通业发展对制造业发展绩效影响的文献较多（王俊，2011；赵霞和徐永峰，2012；丁宁，2013），但从微观要素投入视角研究流通业中间投入对制造业影响的文献还很有限，且多以描述性为主。徐从才和丁宁（2008）、丁宁（2009）认为，中间服务外移使得零售商和制造商发挥各自专业化分工优势，流通商通过承接制造商服务外包，有助于节约生产过程中的成本，增加产品附加价值，提高劳动和其他要素的生产率。宋则等（2010）认为，随着工业服务化的发展，制造企业内部分工的"外部化"和生产环节的外包使得制造业对现代流通业的依赖程度日益加深。中国社会科学院课题组（2012）认为，现代流通业具有深刻的生产性服务能力，许多流通企业在传统的劳动密集型产业和技术工艺复杂的技术密集型产业的全球生产网络及价值链创新中处于主导地位。实证分析方面，刘秉镰和林坦（2010）检验了物流外包对我国制造业劳动生产率的影响。研究发现，物流外包对我国制造业生产率的影响为正但不显著。此外，顾乃华（2010）利用投入产出数据实证分析表明，提高工业投入服务化程度能显著提高国内工业增加值率和全要素生产率水平，并且工业投入服务化的经济绩效存在显著的区域差异。

现有研究对于更好地认识流通业对制造业发展和生产效率的影响具有重要作用，然而既有研究也存在一些不足。首先，目前从宏观视角考查流通业对制造业发展绩效影响的研究较多，但从微观要素投入视角的分析还很有限，为数不多的研究基本采用规范分析或者案例分析方法，未能提供我国流通业中间投入水平与制造业经济绩效的实证数据。其次，还没有关于流通业对制造业中间投入程度的明确测度，以及流通业中间投入水平具体特征的分析。此外，从行业异质性视角研究流通业中间投入对不同类型制造行业生产率影响的研究更不多见。基于现有研究的可拓展之处，本章拟从要素投入视角，使用投入产出表数据估算我国制造业的流通服务投入率，然后运用面板数据模型实证分析流通业中间投入对制造业生产率的影响，并进一步检验这种影响在不同类型制造行业可能存在的差异，为更好地促进我国工业服务化发展和制造业升级提供经验证据。本章的结构安排如下：10.2 节是模型设定与变量说明；10.3 节是基于数据的说明与分析；10.4 节是实证检验结果分析；10.5 节是研究结论和政策建议。

10.2　模型设定与变量说明

10.2.1　模型设定

服务业中间投入对制造业生产率影响效应可以通过生产函数法（刘秉镰和林坦，2010；姚战琪，2010）或直接回归法（顾乃华，2010）进行研究。其中，生产函数法主要借助具体的生产函数如 C－D 生产函数、超越对数（translog）生产函数、不变替代弹性（CES）生产函数等理论框架进行研究，直接回归法通过将流通服务投入率及其他控制变量作为解释变量，将制造业的生产率作为被解释变量，进而展开回归分析。本章使用 C－D 生产函数分析流通业中间投入对制造业生产率的影响，对 $Y = A(RS)F(K,L)$ 取对数得到中性技术进步假设下的计量模型：

$$\ln y_{it} = \alpha_0 + \alpha_1 RS_{it} + \alpha_2 \ln K_{it} + \alpha_3 \ln L_{it} + \lambda_i + \mu_t + \varepsilon_{it} \tag{10.1}$$

其中：y 表示制造业劳动生产率；RS 表示流通业中间投入率；K 和 L 分别表示资本和劳动力；i 和 t 分别表示行业和时间；λ_i 为随行业但不随时间变化的效应；μ_t 为随时间但不随行业变化的效应；ε_{it} 为随机误差项。

具体而言，流通业中间投入可能通过以下几种机制对制造业生产率产生影响：一是直接成本效应。制造企业通过使用比企业自行生产价格更低的外部专业化商贸服务降低生产成本，从而以单位投入衡量的生产效率获得提高（Markusen，1989；Abraham 和 Taylor，1996）。二是要素重组和配置效应。外部低价格商贸服务投入降低了企业的边际生产成本，使得边际产出高于边际生产成本，二者之间的差距带来了要素再配置效率改善的空间，企业可以通过加大边际产出较高要素的投入弥合二者之间的不一致。商贸服务投入引发要素的重组和配置效应的另一种重要机制是企业将把原来缺乏生产效率环节所使用的要素释放出来，投向更具竞争力和优势的生产环节，从而优化要素配置，提高生产效率（Amiti 和 Wei，2004，2006）。三是技术促进效应。现代流通业具有资本和技术密集型的产业特征，具有较高质量和技术含量的商贸流通服务嵌入制造业生产环节，有利于促进企业生产技术创新和技术进步（Guerrieri 和 Meliciani，2005），而且技术进步也刺激了相关人力资本等学习能力方面的投资。四是多样化效应。更多新的服务投入使要素专业化程度提高，生产率获得提升（Ethier，1982；Ciccone 和 Hall，1996）。五是学习的外部效应。通过与外部商贸企业互动合作，改进企业组织形式和生产经营方式进而提高生产率（Corsten 和 Kumar，2005）。

相对于企业原来的生产函数，商贸服务中间投入将会改变要素之间的替代率，对生产函数造成影响，从而影响生产效率。为捕捉流通业中间投入所带来的非中性的技术变化，将流通业中间投入率分别与资本和劳动的对数相乘，得到带乘积项的超越对数型计量模型：

$$\ln y_{it} = \alpha_0 + \alpha_1 RS_{it} + \alpha_2 \ln K_{it} \times RS_{it} + \alpha_3 \ln L_{it} \times RS_{it} + \lambda_i + \mu_t + \varepsilon_{it} \tag{10.2}$$

不同制造行业的劳动、资本和技术水平存在一定的差异，因而行业特征对流通业中间投入程度在不同类型制造行业的生产率效应可能产生影响。为考察流通业中间投入对制造业生产率影响的行业差异，在式 10.2 的基础上引入行业虚拟变量与流通业中间投入率的交叉项，得到以下计量模型：

$$\ln y_{it} = \alpha_0 + \alpha_1 RS_{it} + \alpha_2 \ln K_{it} \times RS_{it} + \alpha_3 \ln L_{it} \times RS_{it} + \alpha_4 RS_{it} \times D_1 + \alpha_5 RS_{it} \times \tag{10.3}$$
$$D_2 + \lambda_i + \mu_t + \varepsilon_{it}$$

其中：D_1 是表示行业资本密集度的虚拟变量；D_2 是表示行业技术密集度的虚拟变量。

在对以上三个模型进行估计时，可能会产生"内生性"问题，即劳动生产率与流通业中间投入率之间可能存在相互影响关系。解决内生性问题较为普遍的方法是工具变量法，但由于数据上的困难，难以找到合适的工具变量。对此，这里采用滞后变量方法进行处理，使用中间投入率变量对其他变量的滞后一期作为随机变量代入方程（即使用 1997 年、2002 年、2007 年流通业中间投入数据与 1998 年、2003 年、2008 年的资本存量、劳动力投入及其他变量相对应进行回归），以检验原始回归结果的可靠性。

10.2.2 变量说明

本章的计量检验所需的数据包括劳动生产率、资本、劳动力以及流通业中间投入率等，下面对相关变量分别予以说明。

（1）劳动生产率。采用制造业各行业的增加值与全部从业人员年平均人数之比来表示，其中增加值用各行业工业品出厂价格指数将当年价折算为 1997 年为基期的不变价。

（2）资本。资本存量的估算是一个复杂的过程，目前国际上普遍使用的资本存量估算方法是永续盘存法。本章也采用永续盘存法估算资本存量。考虑到数据的可得性，借鉴李小平（2007）的做法计算制造业不变价的固定资本存量，即在按 1997 年不变价计算的基年固定资本存量基础上将每年固定资产变化额（用以 1997 年不变价计算的相邻两年的固定资产净值增加额代替）累加得到制造业分部门的固定资本存量值。具体而言，以 1997 年制造业各行业的固定资产原价作为基年固定资本存量，用固定资产价格指数把固定资产净值折算为 1997 年不变价。

（3）劳动力。严格来说理想的劳动投入应该用劳动时间表示，但由于劳动时间数据不可得，因而在现有文献中普遍使用劳动力人数替代。考虑到数据的可获得性和准确性，本章也以各行业全部从业人员年平均人数表示。

（4）流通业中间投入率。我国目前的统计体系中缺乏服务业中间投入的统计数据，现有研究主要根据投入产出表进行近似计算。如原毅军和刘浩（2009）利用投入产出表中第三产业及各主要服务部门对制造业的投入来表示制造业的中间服务投入状况。顾乃华（2010）采用投入产出表中服务业中间投入率表示工业投入服务化程度。刘秉镰和林坦（2010）根据投入产出表中交通运输仓储业对制造业的中间投入率表示制造业的物流投入率。借鉴这些思想，本章采用我国投入产出表中制造业各行业对交通运输仓储邮政业、批发零售住宿餐饮业的中间购买占制造业总投入的比重来表示流通业对制造业的中间投入率。

（5）行业虚拟变量。本章按照资源密集度分别将制造业划分为资本密集型行业和劳动密集型行业、高技术行业和低技术行业。具体而言，根据各行业的资本—劳动投入比与所有行业均值的比较将所有行业划分为资本密集型和劳动密集型，资本密集型行业取值为 1，劳动密集型行业取值为 0；根据各行业科技人员占从业人员的比重将所有行业划分为高技术行业和低技术行业，高技术行业取值为 1，低技术行业取值为 0。

10.3 数据说明与分析

10.3.1 数据说明

本章使用 1997 年、2002 年、2007 年投入产出表数据估算流通业中间投入率。由于投入产出表与《中国统计年鉴》的行业分类存在差异，为保证统计口径的一致性，首先按照国民经济行业分类标准，对 1997 年 124 部门、2002 年 122 部门和 2007 年 135 部门投入产出表的数据进行合并。合并后的制造业共包括 30 个两位数行业①，和《中国统计年鉴》的两位数行业分类一一对应。其中，工艺品及其他制造业、废弃资源和废旧材料回收加工业由于部分数据缺失而被剔除。因此，本章样本数据共包含 28 个两位数行业。在资本密集度行业的划分上，石油加工炼焦及核燃料工业、非金属矿物制品业、黑色金属冶炼及压延加工业、有色金属冶炼及压延加工业、金属制品业等 11 个行业为资本密集型行业②，纺织业、服装鞋帽制品业、皮革毛皮羽毛（绒）及其制品业、木材加工及木竹藤棕草制品业、家具制造业等 17 个行业为劳动密集型行业③。在技术密集度行业划分上，化学原料及化学制品制造业、医药制造业、交通运输设备制造业等 9 个行业为高技术行业④，其余为低技术行业。本章所使用的数据来自 1997 年、2002 年

---

① 30 个行业的代码和名称按照《国民经济行业分类与代码（GB/T4754—2002）》如下：C12 农副食品加工业、C13 食品制造业、C14 饮料制造业、C15 烟草制品业、C16 纺织业、C17 纺织服装鞋帽制品业、C18 皮革毛皮羽毛（绒）及其制品业、C19 木材加工及木竹藤棕草制品业、C20 家具制造业、C21 造纸及纸制品业、C22 印刷业和记录媒介的复制、C23 文教体育用品制造业、C24 石油加工炼焦及核燃料工业、C25 化学原料及化学制品制造业、C26 医药制造业、C27 化学纤维制造业、C28 橡胶制品业、C29 塑料制品业、C30 非金属矿物制品业、C31 黑色金属冶炼及压延加工业、C32 有色金属冶炼及压延加工业、C33 金属制品业、C34 通用设备制造业、C35 专用设备制造业、C36 交通运输设备制造业、C37 电气机械及器材制造业、C38 通信设备计算机及其他电子设备制造业、C39 仪器仪表及文化办公用品制造业、C40 工艺品及其他制造业、C41 废弃资源和废旧材料回收加工业。

② 资本密集型行业包括：C24，C30，C31，C32，C33，C34，C35，C36，C37，C38，C39。

③ 劳动密集型行业包括：C12，C13，C14，C15，C16，C17，C18，C19，C20，C21，C22，C23，C25，C26，C27，C28，C29。

④ 高技术行业包括：C25，C26，C27，C34，C35，C36，C37，C38，C39。

和 2007 年《投入产出表》、1998—2009 年《中国统计年鉴》和《中国工业经济统计年鉴》。

10.3.2 基于数据的经验事实分析

在分析流通业对制造业生产率影响效应之前，这里先对我国流通业对制造业中间投入的经验事实、制造业的生产率状况以及流通业中间投入水平与制造业生产率的关系进行初步分析。根据制造业对流通业的中间购买占制造业总投入的比重，本章对流通业的中间投入率进行了计算，结果如图 10.1 所示。1997 年、2002 年、2007 年我国流通业对制造业各行业中间投入率的平均值分别为 6.1%，7%，4.59%，根据不同年份均值差异性的 Kruskal – Wallis 检验结果，2002 年流通业中间投入率显著高于 1997 年，而 2007 年显著低于 2002 年。我国流通业对制造业的中间投入水平较低且趋于下降，这与魏作磊和李丹芝（2012）的研究结果相似[1]。从分行业看，2002 年大多数行业的流通业中间投入率均比 1997 年有所提高；2007 年和 2002 年相比，除了农副食品加工业、食品制造业、纺织业以外，其他行业的流通业中间投入率均出现了下降，并且皮革毛皮羽毛（绒）及其制品业、木材加工及木竹藤棕草制品业、有色金属冶炼及压延加工业、专用设备制造业、通信设备计算机及其他电子设备制造业的中间投入率下降幅度均超过70%。这反映出流通业对这些制造行业的中间投入不足且呈现明显下降趋势，不利于制造企业集中优势资源和能力进行生产和提高竞争力。

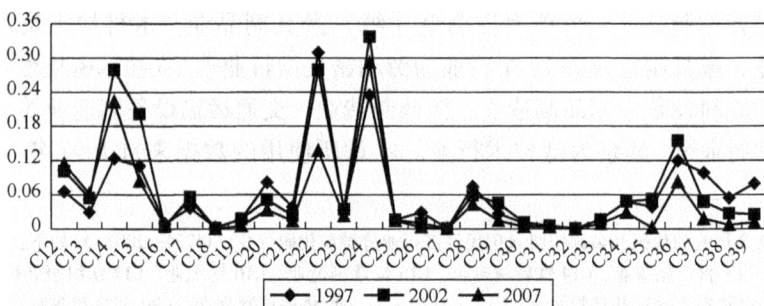

图 10.1 我国流通业对制造业中间投入的变化趋势
资料来源：根据 1992、2002、2007 年中国投入产出表计算整理。

---

[1] 魏作磊和李丹芝（2012）运用投入产出分析方法对我国制造业服务化发展趋势的研究表明，我国制造业的中间投入中来自生产性服务业的投入趋于下降，主要是由于制造业对批发零售贸易业和金融保险业的依赖度降低所引起的。

对制造业各行业劳动生产率的计算结果表明，1997 年、2002 年、2007 年我国制造业的劳动生产率分别为 34 592.25 元/人·年、84 775.37 元/人·年、188 266.33 元/人·年。根据 Kruskal – Wallis 检验结果，2002 年制造业劳动生产率显著高于 1997 年，2007 年显著高于 2002 年，表明我国制造业的技术水平和生产效率在不断提高。从分行业看，2002 年各制造行业的劳动生产率普遍高于1997 年，2007 年普遍高于 2002 年。但受行业特征的影响，2007 年和 2002 年相比，不同行业劳动生产率的上升幅度差异较大，其中非金属矿物制品业、黑色金属冶炼及压延加工业、有色金属冶炼及压延加工业、通用设备制造业、专用设备制造业、烟草制造业等 6 个行业的劳动生产率上升幅度达 150% 以上，其余 22 个行业劳动生产率也呈现不同程度的上升趋势。

此外，本章还考察了流通业中间投入率高于和低于均值的两类行业的劳动生产率状况。研究发现，流通业中间投入率相对较高的行业，其生产率水平大多高于流通业中间投入率低的行业，这在一定程度上反映了流通服务投入对制造业生产率的提升具有积极作用。为了解不同类型行业流通业中间投入水平的差异性，本章还比较分析了资本密集型行业和劳动密集型行业、高技术行业和低技术行业的流通业中间投入率状况。结果表明，资本密集型行业、劳动密集型行业的流通业中间投入率分别为 5.72%，6.01%，高技术行业、低技术行业的流通业中间投入率分别为 3.82%，6.88%。劳动密集型行业的流通业中间投入率高于资本密集型行业、低技术行业的流通业中间投入率高于高技术行业，反映出劳动密集型、低技术行业更倾向于利用外部商贸流通服务组织生产，而资本密集型、高技术行业更倾向于商贸服务内部化。

10.4 实证结果分析

本章采用静态面板数据模型对流通业中间投入的生产率效应进行分析。静态面板数据模型主要有固定效应模型和随机效应模型两种，具体根据 Hausman 检验结果在两种模型之间进行选择。另外，固定效应模型和随机效应模型又区分为个体、时间以及双向固定效应与随机效应；考虑到本章的数据在时间上仅有 3 年，并且不连续，因此只考虑个体效应。

10.4.1 流通业中间投入对制造业生产率的影响

对于内生性问题，本章分别用即期值和滞后一期值对式 10.1 和式 10.2 进行了回归，估计结果见表 10.1 和表 10.2。从表 10.1 和表 10.2 可以看出，两者的估计结果并没有太大差别，表明内生性问题并不严重，不影响回归方程的可靠性。因此，这里将集中分析即期模型的估计结果。在即期模型中，固定效应模型和随机效应模型的估计结果都较为显著，对于固定效应和随机效应的选择根据Hausman检验结果确定，检验结果均拒绝支持随机效应的零假设，表明用固定效应更为合适。下面对照具体的回归结果进行分析。

10.4.1.1 中性技术进步下流通业中间投入对制造业生产率的影响

即期固定效应模型的回归结果显示流通业中间投入率的系数为正，但不显著，因此不能确切地说明流通业中间投入对制造业的生产率效应。这与理论分析有所偏差，出现这种结果可能有两方面原因：一是我国流通业发展相对滞后。大部分商贸流通企业仍然以提供传统的批发、零售贸易服务为主，对运输、仓储、物流等综合服务、信息技术、供应链管理等服务的提供能力还很有限，因而难以满足制造企业多样化、综合性的商贸服务需求。而且，商贸服务企业与制造企业之间还没有形成良好的互动合作关系，作为中间投入品的商贸流通服务还无法深度参与制造企业的生产经营过程，还不能对制造企业的生产流程和运作方式产生实质影响，因而对制造业生产效率的作用还相对有限。二是制造企业传统生产组织模式的影响。生产方式和组织模式较为落后，大而全、小而全的生产经营模式仍然较为普遍，自营商贸服务仍然是制造企业的主要经营模式，外包的种类和数量还相当有限，因而制造业中间投入中商贸服务所占比重偏低。加上我国市场信任机制、法制环境的建设还不健全，市场交易成本较高，使得企业利用外部商贸服务的预期风险大大增加，预期收益大大降低，不利于制造企业组织经营模式的转型和调整，因而难以获取专业化社会化商贸服务的外溢效应。

表 10.1　流通业中间投入对制造业生产率影响的估计结果（即期）

	固定效应 （1）	随机效应 （1）	固定效应 （2）	随机效应 （2）
常数项	0.559 (0.737)	6.302*** (13.263)	11.452*** (53.529)	11.124*** (93.124)
RS	0.023 (1.267)	0.031*** (4.328)	-0.329* (-1.650)	-0.029 (-0.311)
$\ln K$	2.367*** (24.335)	1.620*** (22.289)		
$\ln L$	-1.293*** (-10.183)	-1.353*** (-14.881)		
$\ln K \times RS$			0.095*** (3.379)	0.045*** (3.697)

	固定效应 (1)	随机效应 (1)	固定效应 (2)	随机效应 (2)
$\ln L \times RS$			-0.070** (-2.152)	-0.066*** (-4.167)
Hausman		165.104***		10.233**
R^2	0.954	0.678	0.574	0.224
Obs	84	84	84	84

注：＊＊＊，＊＊，＊分别表示在1%、5%、10%的水平下显著；括号内为 t 统计值。

10.4.1.2 非中性技术进步下流通业中间投入对制造业生产率的影响

超越对数型生产函数模型中，$\ln K \times RS$ 和 $\ln L \times RS$ 的估计系数分别为0.095和-0.07，并且分别通过1%和5%的显著性水平检验，说明流通业中间投入带来的是资本节约型技术进步。但另一方面，流通业中间投入率的估计值为负，说明剔除资本节约型技术进步后，流通业中间投入对纯技术进步产生不利影响，或者说表现为中性的技术退步。这表明我国制造企业商贸服务外包的作用主要体现为节约固定资产投资，但节约的资源并没有促进制造企业技术水平和创新能力的提升，而且外包也在一定程度上造成制造企业的创新动力大大降低。而中性的技术退步可能是因为我国商贸服务水平整体较低，尤其是技术能力和信息化水平不高，而且没有与制造企业形成良好的互动合作关系，使得制造业难以获取流通服务企业的技术溢出。流通业中间投入对制造业生产率的总效应为：

$$\partial \ln y / \partial RS = \alpha_1 + \alpha_2 \ln K + \alpha_3 \ln L \tag{10.4}$$

将 $\ln K$，$\ln L$ 的均值以及相关参数估计值代入，得到流通业中间投入对制造业生产率的总效应为0.006，即流通业中间投入率每增加一个百分点，可以促进制造业生产率增加0.006%。上述结果表明，尽管对制造业技术进步产生不利影响，流通业中间投入对制造业生产率的总效应为正，但这种正向影响效应还很小。

表10.2 流通业中间投入对制造业生产率影响的估计结果（滞后一期）

	固定效应 (1)	随机效应 (1)	固定效应 (2)	随机效应 (2)
常数项	-0.123 (-0.174)	5.696*** (11.971)	11 463*** (57.486)	11.263*** (90.272)
RS	0.038 (1.495)	0.020** (2.414)	-0.482*** (-2.776)	-0.107 (-1.189)

续表

	固定效应 (1)	随机效应 (1)	固定效应 (2)	随机效应 (2)
ln$K$	2.738*** (16.332)	1.472*** (15.277)		
ln$L$	-1.714*** (-7.990)	-1.027*** (-8.562)		
ln$K \times RS$			0.100*** (3.777)	0.051*** (3.813)
ln$L \times RS$			-0.062* (-1.744)	-0.060*** (-3.441)
Hausman		168.186***		11.325**
R^2	0.936	0.513	0.601	0.177
Obs	84	84	84	84

注：＊＊＊，＊＊，＊分别表示在1%、5%、10%的水平下显著；括号内为 t 统计值。

10.4.2 行业特征对流通业中间投入生产率效应的影响

为分析流通业中间投入对制造业生产率影响的行业差异，本章分别引入行业虚拟变量进行回归。表 10.3 是用即期值对式 10.3 的回归结果，表 10.4 是用滞后一期值对式 10.3 的回归结果。对比表 10.3 和表 10.4，滞后一期模型与即期模型的估计结果并没有明显差异，而且随机模型的 Hausman 检验均具有显著性，因此这里将重点关注即期固定效应模型。在只引入反映资本密集度的虚拟变量时，流通业中间投入对资本密集型行业生产率的影响系数为 $-0.634 - 0.222 D_1$，即比劳动密集型行业低 0.222%。流通业中间投入对资本密集型制造业的生产率效应小于劳动密集型行业，产生这一结果可能是因为，资本密集型行业产品专用性较强、复杂程度较高，因而对商贸服务的依赖程度较低，而且其资产专用性相对较强，企业选择外包的风险相对较大；加上外部市场机制和法制环境的发育还不成熟，因此资本密集型制造企业更倾向于将商贸服务内置，从而外部商贸流通服务业对资本密集型行业的作用较小。对于劳动密集型行业而言，产品差异化程度较低，因而对批发采购、销售服务等商贸服务的依赖程度较高，而且商贸服务外包可以缓解其资金约束，并节约一定数量的劳动力，因此，流通业中间投入对劳动密集型行业的生产率效应更明显。

表10.3 行业特征对流通业中间投入生产率效应影响的估计结果（即期）

	固定效应 (3)	随机效应 (3)	固定效应 (3)	随机效应 (3)	固定效应 (3)	随机效应 (3)
常数项	11.456*** (58.010)	11.143*** (97.395)	11.335*** (54.378)	11.110*** (101.538)	11.448*** (53.519)	11.082*** (111.682)
RS	−0.634*** (−2.805)	−0.318*** (−2.734)	−0.547** (−2.404)	0.001 (0.159)	−0.635*** (−2.780)	−0.253** (−2.416)
$\ln K \times RS$	0.118*** (4.661)	0.093*** (5.470)	0.089*** (3.720)	0.043*** (3.884)	0.117*** (4.132)	0.108*** (6.402)
$\ln L \times RS$	−0.043 (−1.372)	−0.070*** (−4.605)	−0.020 (−0.550)	−0.070*** (−3.951)	−0.042 (−1.083)	−0.107*** (−6.029)
$RS \times D_1$	−0.222*** (−3.195)	−0.100*** (−3.755)			−0.212** (−1.773)	−0.138*** (−5.001)
$RS \times D_2$			−0.217** (−2.571)	0.017 (0.458)	−0.014 (−0.101)	0.124*** (3.232)
Hausman		10.831**		24.366***		22.351***
R^2	0.644	0.332	0.622	0.228	0.644	0.412
Obs	84	84	84	84	84	84

注：＊＊＊，＊＊，＊分别表示在1%、5%、10%的水平下显著；括号内为t统计值。

在只引入反映技术密集度的虚拟变量 D_2 时，流通业中间投入对高技术行业生产率的影响系数为 −0.547 −0.217 D_2 ，即比低技术行业低0.217%。流通业中间投入对低技术行业生产率的影响大于高技术行业，可能的原因是，在技术较为成熟的低技术行业，企业数量较多，产品差异化程度较低，物流配送、销售渠道、售后服务等商贸服务是形成产品差异的重要因素，因而流通服务投入在低技术行业的作用较为明显。而在技术密集型制造业，产品差异化程度较高，企业拥有技术优势，制造企业往往利用技术优势自建物流配送体系、销售渠道以及通过产品售后技术服务获得更多利润，从而对商贸流通渠道依赖程度较低，因此商贸服务的作用相对较小。同时引入两个虚拟变量的整体估计结果与单独引入时并无太大差异，说明劳动密集型和低技术密集行业对外部商贸服务的依赖程度更高，使得流通业中间投入对其生产率的影响更为显著。

表10.4 行业特征对流通业中间投入生产率效应影响的估计结果（滞后一期）

	固定效应 (3)	随机效应 (3)	固定效应 (3)	随机效应 (3)	固定效应 (3)	随机效应 (3)
常数项	11.477*** (61.449)	11.289*** (93.925)	11.353*** (58.484)	11.253*** (100.027)	11.444*** (55.769)	11.227** (120.932)
RS	-0.635*** (-3.714)	-0.390*** (5.661)	-0.562*** (-3.349)	-0.089 (-1.000)	-0.625*** (-3.599)	-0.336*** (-3.559)
$\ln K \times RS$	0.119*** (4.644)	0.103*** (5.661)	0.086*** (3.332)	0.049*** (4.024)	0.111*** (3.449)	0.126*** (7.113)
$\ln L \times RS$	-0.045 (-1.318)	-0.071*** (-4.201)	-0.010 (-0.251)	-0.060*** (-3.244)	-0.034 (-0.783)	-0.120*** (-6.572)
$RS \times D1$	-0.181*** (-2.907)	-0.106*** (-3.939)			-0.144 (-1.297)	-0.154*** (-5.745)
$RS \times D2$			-0.198** (-2.590)	0.003 (0.090)	-0.054 (-0.404)	0.145*** (4.004)
Hausman		8.365*		26.931***		21.701***
R^2	0.657	0.305	0.647	0.180	0.658	0.422
Obs	84	84	84	84	84	84

注：＊＊＊，＊＊，＊分别表示在1％、5％、10％的水平下显著；括号内为 t 统计值。

10.5 本章结论和启示

本章从要素投入视角，根据我国 1997 年、2002 年、2007 年的投入产出数据，计算了 28 个制造行业的流通业中间投入率，并运用面板数据模型实证检验了流通业中间投入对制造业生产率的影响以及这种影响在不同类型制造行业间的差异。研究结果表明如下。

（1）我国流通业对制造业的中间投入水平不高，并且呈现一定的下降趋势。流通业中间投入在不同类型制造行业之间差异较大，流通业中间投入率在劳动密集型行业高于资本密集型行业、低技术行业高于高技术行业。

（2）在中性技术进步假设下，流通业中间投入对制造业技术进步的影响为正，但不显著。非中性技术进步假设下，流通业中间投入带来的是资本节约型技术进步，但同时伴随着中性的技术退步；两者的共同作用下，流通业中间投入对制造业生产率的总效应为正，但这种正向影响效应还非常有限。

（3）行业特征对流通业中间投入的生产率效应的影响存在差异，流通业中间投入的生产率效应在劳动密集型行业大于资本密集型行业、低技术行业大于高技术行业。

从上述研究结论可以发现，我国流通业中间投入对制造业生产绩效的影响并不理想。为提高工业服务化的经济绩效，促进我国制造业升级，应该做好以下几方面的工作。

首先，提高制造业商贸服务投入水平。加快流通体制改革，培育公开、公平、公正的市场环境，加快产权制度改革，加强法律制度、市场中介组织、社会信用体系建设，降低交易成本和风险，促进制造业商贸服务投入水平的提高。进一步推进劳动密集型、低技术制造业商贸服务投入的同时，加强商贸流通服务与资本密集型、高技术制造业的对接与融合。

其次，强化商贸流通企业的专业化分工优势。加大政策支持和投入力度，强化商贸流通业的专业化水平及规模经济优势。加强信息化和标准化建设，推动商贸流通企业从提供一般性的商贸服务向高技术含量、高附加价值以及综合性服务转变。促进企业合作，鼓励企业通过并购、整合和联盟的方式，形成一批具有较强竞争实力的流通企业。通过强化商贸流通企业专业化分工优势，提高服务水平和供给能力。

最后，推动制造企业转变传统的生产经营模式。提高制造企业利用外部商贸服务的意识，推动传统大而全、小而全的生产经营方式向多种生产方式融合转变，有效配套衔接专业化、社会化商贸流通服务与产品生产经营流程，以提高竞争优势。集中资源于核心生产能力的同时，整合利用外部专业化社会化商贸服务的供给能力，发挥现代流通业在制造业生产经营中的作用。在实施商贸服务外包的同时，注重与流通企业的沟通协调，降低外包风险，提高外包绩效。

参考文献

[1] Abraham K, Taylor S. Firm's Use of Outside Contractors: Theory and Evidence [J]. Journal of Labor Economics, 1996, 14: 394 – 424.

[2] Aigner D J, Lovell C A K, Schmidt P. Formulation and Estimation of Stochastic Frontier Production Models [J]. Journal of Econometrics, 1977, 6: 21 – 37.

[3] Amiti M, S Wei. Services Outsourcing, Production and Employment: Evidence from the US [R]. IMF Working Paper, 2004.

[4] Amiti M, S Wei. Service Offshoring and Productivity: Evidence from the United States [R]. NBER Working Paper, 2006.

[5] Andersson M. Co – location of Manufacturing & Producer Services-a Simultaneous Equation Approach [R]. CESIS Working Paper, 2004.

[6] Arellano M, Bover O. Another Look at the Instrumental Variable Estimation of Error Components Models [J]. Journal of Econometrics, 1995, 68 (1): 29 – 51.

[7] Arnold J M, Mattoo A, Narciso G. Services Inputs and Firm Productivity in Sub Saharan Africa: Evidence from Firm Level Data [R]. Policy Research Working Paper, 2006.

[8] Barro R X Sala – I – Martin. Convergence Across States and Regions [J]. Brooking Papers on Economic Activity, 1991, 1: 107 – 182.

[9] Barro R X Sala – I – Martin. Convergence [J]. Journal of Political Economy, 1992, 100 (2): 223 – 251.

[10] Battese E, Coelli T. Frontier Production Functions, Technical Efficiency and Panel Data: With Application to Paddy Farmers in India [J]. Journal of Productivity Analysis, 1992, 3: 153 – 169.

[11] Battese E, Coelli T. A Model of Technical Inefficiency Effects in Stochastic Frontier Production for Panel Data [J]. Empirical Economics, 1995, 20: 325 – 332.

[12] Baumol W. Productivity Growth, Convergence and Welfare: What the

Long-run Data Show [J]. American Economic Review, 1986 (76): 1072 – 1085.

[13] Bernard Andrew B, Jensen J B, Redding S J, Schott P K. Wholesalers and Retailers in US Trade [R]. NBER Working Paper, 2010.

[14] Betancourt R, James H, Anderson. The Distribution Sector and the Development Process [J]. Review of Economics and Statistics, 2001, 15 (1): 65 – 108.

[15] Blundell R, Bond S. Initial Conditions and Moment Restrictions in Dynamic Panel Data Models [J]. Journal of Econometrics, 1998, 87 (1): 115 – 143.

[16] Cachon G P, Fisher M. Supply Chain Inventory Management and the Value of Shared Information [J]. Management Science, 2000, 46 (8): 1032 – 1048.

[17] Chow George. Capital Formation and Economic Growth in China [J]. Quarterly Journal of Economics, 1993 (8): 809 – 842.

[18] Chow G, Anloh L. Accounting for Economic Growth in Taiwan and Main – land China: A Comparative Analysis [J]. Journal of Comparative Economics, 2002, 30 (3): 507 – 530.

[19] Ciccone Antonio, Matsuyama Kimonori. Start – up Costs and Pecuniary Externalities as Barriers to Economic Development [J]. Journal of Development Economics, 1996, 49 (1): 33 – 59.

[20] Coelli T. A Guide to DEAP Version 2. 1: A Data Envelopment Analysis (Computer) Program [R]. Center for Efficiency and Productivity Analysis (CEPA) Working Paper, 96 (08).

[21] Coffey W J, Drolet R, Polese M. The Inteametropolitan Location of High Order Services: Patterns, Factors, and Mobility in Montreal [J]. Papers in Regional Sciences, 1996, 75 (3): 293 – 323.

[22] Corsten D, Kumar N. Do Suppliers Benefit from Collaborative Relationships with Large Retailers? [J]. Journal of Marketing, 2005, 69 (3): 80 – 94.

[23] Dixit A K, Stiglitz J E. Monopolistic Competition and Optimum Product Diversity [J]. American Economic Review, 1977, 67: 297 – 308.

[24] Either W J. National and International Returns to Scale in the Modern Theory of International Trade [J]. American Economic Review, 1982, 72 (3): 389 – 405.

[25] Eswarn, Kotwal. The Role of the Service Sector in the Process of Industrialization [J]. Journal of Development Economics, 2002, (2): 401 – 420.

[26] Fare R, Grosskopf S, Norris M, Zhang Z. Productivity Growth, Technical Progress and Efficiency Change in Industrialized Countries [J]. American

Economic Review, 1994, 84: 66 – 83.

[27] Feder G. On Export and Economic Growth [J]. Journal of Development Economics, 1982 (12): 59 – 73.

[28] Fleisher B M, Chen J. The Coast – noncoast Income Gap Productivity and Regional Economic Policy in China [J]. Journal of Comparative Economics, 1997, 25 (2): 220 – 236.

[29] Francois J, Reinert K. The Role of Services in the Structure of Production and Trade: Stylized Facts from a Cross – country Analysis [J]. Asia – Pacific Economic Review, 1996, 2 (1): 35 – 43.

[30] Francois J, Woerz J. Producer Services, Manufacturing Linkages, and Trade [J]. Journal of Industry Copetitin and Trade, 2008, 8: 199 – 229.

[31] Fujita M, Krugman P, Vensbles A J. Spatial Economy: Cities, Regions and International Trade [M]. Cambridge: Cambridge University Press, 1999.

[32] Glemes M D, Gani A. Services and Economic Growth in ASEAN Economies [J]. ASEAN Economic Bulletin, 2002, 19 (2): 155 – 169.

[33] Grossman G M, Helpman E. Outsourcing in a Global Economy [J]. The Review of Economic Studies, 2005, 72 (1): 135 – 159.

[34] Grubel H G, Walker M A. Service Industry Growth: Cause and Effects [M]. Vancouver: Fraser institute, 1989.

[35] Guerrieri P, Meliciani V. Technology and International Competitiveness: The Interdependence Between Manufacturing and Producer Services [J]. Structural Change and Economic Dynamics, 2005, 16 (4): 489 – 502.

[36] Hansen N. Do Producer Services Include Regional Economic Development [J]. Journal of Regional Science, 1990, 30 (4): 465 – 476.

[37] Hansen N. The Strategic Role of Producer Services in Regional Development [J]. International Regional Science Review, 1993, 16: 187 – 195.

[38] Kakaomerlioglu D C, Carlsson B. Manufacturing in Decline? A Matter of Definition [J]. Economics of Innovation and New Technology, 1999, 8 (3): 175 – 196.

[39] Lau K H, Zhang J. Drivers and Obstacles of Outsourcing Practices in China [J]. International Journal of Physical Distribution and Logistics Management, 2006, 36 (10): 776 – 792.

[40] Li Lode. Information Sharing in a Supply Chain with Horizontal Competition [J]. Management Science, 2002, 48 (9): 1196 – 1212.

[41] Lucas R. On the Mechanics of Economic Development [J]. Journal of Monetary Economics, 1988, 22: 3 - 42.

[42] Mankiw N G, Romer D, Weil D N. A Contribution to the Empirics of Economic Growth [J]. The Quarterly Journal of Economics, 1992 (107): 407 - 437.

[43] Markusen J R. Trade in Producer Services and in Other Specializad Intermediate Inputs [J]. American Economic Review, 1989, 79 (1): 85 - 95.

[44] Maudos J, Pastor J Manuel, Swrrano L. Human Capital in OECD Countries: Technical Change, Efficiency and Productivity [J]. International Review of Applied Economics, 2003 (10): 419 - 435.

[45] Meeusen W, J van den Broeck. Efficiency Estimation from Cobb - Douglas Production Functions with Composed Error [J]. International Economic Review, 1977, 18 (2): 435 - 444.

[46] Riddle D. Service - led Growth: The Role of the Service Sector in World Development [M]. New York: Praeger Publishers, 1986.

[47] Romer P M. Increasing Returns and Long - run Growth [J]. Journal of Political Economy, 1986, 94 (5): 1002 - 1037.

[48] Stephen Machin, John Van Reenen. Technology and Changes in Skill Structure: Evidence from Seven OECD Countries [J]. Quaterly Journal of Economics, 1998, 113 (4): 1215 - 1244.

[49] Ten Raa T, Wolff E N. Outsourcing of Services and the Productivity Recovery in US Manufacturing in the 1980s and 1990s [J]. Journal of Productivity Analysis, 2001, 16 (2): 149 - 165.

[50] Wang Yan, Yudong Yao. Sources of China's Economic Growth, 1952 - 1999: Incorporating Human Capital Accumulation [R]. World Bank Working Paper, 2001.

[51] Wolfmayr Y. Producer Services and Competitiveness of Manufacturing Exports [R]. FIW Research Report, 2008.

[52] Yang Yao. Rural Industry and Labor Market Integration in East China [J]. Jouranl of Development Economics, 1999, 59: 463 - 496.

[53] Yang C L, Yu M. The Impact of Producer Services on Manufacturing Value Chain [J]. International Journal of Services Operations and Informatics, 2007, 2 (4): 421 - 438.

[54] Young A. Gold into Base Metals: Productivity Growth in the People's

Republic of China during the Reform Period [J]. Journal of Political Economy, 2000, 111 (6): 1220 - 1261.

[55] 曹静. 基于典型相关分析的流通产业与国民经济关联性研究 [J]. 商业经济与管理, 2010 (5): 13 - 17.

[56] 曹跃群, 唐静. 第三产业全要素生产率增长及其收敛性分析 [J]. 山西财经大学学报, 2010 (6): 52 - 58.

[57] 陈艳莹, 黄 y. 我国生产性服务业增长的效率特征——基于 2004—2009 年省际面板数据的研究 [J]. 工业技术经济, 2011 (5): 42 - 49.

[58] 丁宁. 零售商承接生产者服务外包的模式及其优势 [J]. 中国流通经济, 2009 (10): 20 - 23.

[59] 丁宁. 零售商对制造商行使纵向约束的绩效——基于生产者服务视角的区域与行业的实证研究 [J]. 财贸经济, 2010 (2): 104 - 109.

[60] 丁宁, 陈阿兴, 周经. 制度改革、流通创新与制造业效率提升 [J]. 经济问题, 2014 (8): 83 - 88.

[61] 丁宁, 周经, 丁华. 流通创新与制造业全要素生产率提升 [J]. 经济问题探索, 2013 (7): 61 - 66.

[62] 杜丹清. 生产—流通关系协调发展: 理论与对策研究 [J]. 浙江工商大学学报, 2011 (7): 54 - 59.

[63] 傅晓霞, 吴利学. 技术效率、资本深化与地区差异——基于随机前沿模型的中国地区收敛分析 [J]. 经济研究, 2006 (10): 55 - 56.

[64] 谷彬. 中国服务业技术效率测算与影响因素实证研究——来自历史数据修订的史实证据 [J]. 统计研究, 2009 (8): 63 - 70.

[65] 顾乃华. 1992—2004 年我国服务业增长效率的实证分析 [J]. 财贸经济, 2005 (4): 85 - 90.

[66] 顾乃华. 我国服务业对工业发展外溢效应的理论和实证分析 [J]. 统计研究, 2005 (12): 9 - 13.

[67] 顾乃华. 我国服务业发展的效率特征及其影响因素——基于 DEA 方法的实证研究 [J]. 财贸研究, 2008 (4): 60 - 67.

[68] 顾乃华. 生产性服务业对工业获利能力的影响和渠道——基于城市面板数据和 SFA 的实证研究 [J]. 中国工业经济, 2010 (5): 48 - 58.

[69] 顾乃华. 工业投入服务化: 形成机制、经济效应及其区域差异 [J]. 产业经济研究, 2010 (3): 23 - 30.

[70] 顾乃华, 李江帆. 中国服务业技术效率区域差异的实证分析 [J]. 经济研究, 2006 (1): 46 - 56.

［71］胡鞍钢，刘生龙. 交通运输、经济增长及溢出效应——基于中国省际数据空间经济计量的结果［J］. 中国工业经济，2009（5）：5－14.

［72］胡永仕，王健. 福建省流通产业关联及波及效应的实证研究［J］. 技术经济，2011（9）：70－74.

［73］胡永仕，许明星. 流通产业对区域经济增长作用的经济学分析——基于福建省的实证研究［J］. 北京交通大学学报，2015（2）：92－101.

［74］黄国雄. 论流通产业是基础产业［J］. 财贸经济，2005（4）：18－25.

［75］黄莉芳，黄良文，洪琳琳. 基于随机前沿模型的中国生产性服务业技术效率测算及影响因素探讨［J］. 数量经济技术经济研究，2011（6）：120－132.

［76］荆林波，王雪峰. 我国流通业发展现状、存在的问题及对策［J］. 中国流通经济，2012（2）：15－20.

［77］李佛关. 流通产业对经济效率提升作用的实证研究［J］. 贵州财经学院学报，2012（5）：35－39.

［78］李江帆. 中国第三产业发展研究［M］. 北京：人民出版社，2005.

［79］李蕊. 服务业多向性影响量化识别研究及其政策含义——以商贸流通服务业为例［J］. 商业时代，2013（18）：21－25.

［80］李小平，卢现祥. 中国制造业的结构变动和生产率增长［J］. 世界经济，2007（5）：52－64.

［81］刘秉镰，林坦. 制造业物流外包与生产率的关系研究［J］. 中国工业经济，2010（9）：67－77.

［82］刘国光. 推进流通改革，加快流通业从末端行业向先导行业转化［J］. 商业经济研究，1999（1）：9－11.

［83］刘书瀚，张瑞，刘立霞. 中国生产性服务业和制造业的产业关联分析［J］. 南开经济研究，2010（6）：65－74.

［84］刘向东，石杰慎. 我国商业的产业关联分析及国际比较［J］. 中国软科学，2009（4）：42－49.

［85］刘向东，张小军，石明明. 中国流通产业增长方式的转型——基于流通增长方式转换模型的实证分析［J］. 管理世界，2009（2）：167－169.

［86］刘兴凯，张诚. 中国服务业全要素生产率增长及其收敛分析［J］. 数量经济技术经济研究，2010（3）：55－67.

［87］路红艳. 经济"新常态"下流通业转型升级方向研究［J］. 商业经济研究，2015（17）：4－6.

[88] 吕政，刘勇，王钦. 中国生产性服务业发展的战略选择——基于产业互动的研究视角 [J]. 中国工业经济，2006（8）：5 – 12.

[89] 马强文，任保平. 中国商贸流通业增长能力的综合测度：1978—2008 [J]. 财贸研究，2011（2）：33 – 41.

[90] 冉净斐. 流通发展与经济增长的关系：理论与实证 [J]. 生产力研究，2005（3）：21 – 22.

[91] 任保平. 中国商贸流通业发展方式的评价及其转变的路径分析 [J]. 商业经济与管理，2012（8）：5 – 12.

[92] 任保平，王辛欣. 商贸流通业地区发展差距评价 [J]. 社会科学研究，2011（2）：45 – 50.

[93] 任英华，王耀中. 国际服务业生产率的发展趋势及影响因素分析 [J]. 统计与信息论坛，2008（9）：59 – 64.

[94] 司增绰，苗建军. 商贸流通业的产业特征和产业地位——基于投入产出模型的实证研究 [J]. 产业经济评论，2011（9）：129 – 158.

[95] 宋则，常东亮，丁宁. 流通业影响力与制造业结构调整 [J]. 中国工业经济，2010（8）：5 – 14.

[96] 宋则，赵凯. 商贸流通服务业对产业结构合理化和高度化的贡献 [J]. 经济研究参考，2009（31）：21 – 27.

[97] 田刚，李南. 中国物流业技术进步与技术效率研究 [J]. 数量经济技术经济研究，2009（2）：76 – 87.

[98] 田刚，李南. 中国物流业技术效率差异及其影响因素研究——基于省级面板数据的实证分析 [J]. 科研管理，2011（7）：34 – 44.

[99] 王健，梁红艳. 物流业发展对制造业效率的影响——基于地区和行业面板数据的分析 [J]. 中国流通经济，2012（2）：27 – 32.

[100] 王俊. 流通业对制造业效率的影响——基于我国省级面板数据的实证研究 [J]. 经济学家，2011（1）：70 – 77.

[101] 王晓东，梁云. 生产资料批发业发展与制造业效率提升——基于地区和行业面板数据的实证分析 [J]. 经济问题探索，2014（2）：38 – 51.

[102] 王晓东，谢莉娟. 论流通产业结构调整与就业增长——基于中部地区流通业对就业吸纳的贡献分析 [J]. 财贸经济，2010（2）：98 – 103.

[103] 王晓东，谢莉娟. 新时期流通结构优化升级之再认识 [J]. 中国流通经济，2011（7）：21 – 25.

[104] 魏作磊. 美、欧、日服务业内部结构的演变及对中国的启示 [J]. 国际经贸探索，2010（1）：36 – 42.

［105］魏作磊，李丹芝．中国制造业服务化的发展特点——基于中美日德法的投入产出分析［J］．工业技术经济，2012（7）：24－28．

［106］吴学品，李骏阳．流通业发展对农村经济增长的影响——基于传导途径及其效应的检验［J］．海南大学学报，2014（2）：104－111．

［107］夏春玉，丁涛．从微笑曲线看流通与结构调整［J］．中国流通经济，2012（1）：7－12．

［108］谢莉娟，吴中宝．流通业发展对促进就业增长的贡献分析［J］．价格月刊，2009（9）：37－41．

［109］徐从才，丁宁．服务业与制造业互动发展的价值链创新及其绩效评价——基于大型零售商纵向约束与供应链流程再造的分析［J］．管理世界，2008（8）：77－86．

［110］徐宏毅，欧阳明德．中国服务业生产率的实证研究［J］．工业工程与管理，2004（5）：73－76．

［111］颜鹏飞，王兵．技术效率、技术进步与生产率增长——基于DEA的实证分析［J］．经济研究，2004（12）：55－65．

［112］杨波．我国流通业的增长和变化——基于空间的视角［J］．广东财经大学学报，2011（3）：33－39．

［113］杨波，王章留．流通业增加值占GDP比重变化规律研究——基于我国省级面板数据的实证分析及理论解释［J］．商业经济与管理，2011（1）：19－25．

［114］杨青青，苏秦，尹琳琳．我国服务业生产率及其影响因素分析——基于随机前沿生产函数的实证研究［J］．数量经济技术经济研究，2009（12）：46－57．

［115］杨向阳，徐翔．中国服务业全要素生产率增长的实证分析［J］．经济学家，2006（3）：68－76．

［116］姚战琪．工业和服务外包对中国工业生产率的影响［J］．经济研究，2010（7）：91－102．

［117］依绍华，张昊．当前我国内贸流通形势分析与展望［J］．价格理论与实践，2015（3）：18－20．

［118］余泳泽，武鹏．我国物流产业效率及其影响因素的实证研究——基于中国省际数据的随机前沿生产函数分析［J］．产业经济研究，2010（1）：65－71．

［119］袁建文．基于投入产出和计量经济方法的广东省流通产业分析［J］．广东商学院学报，2009（2）：73－78．

［120］原毅军，刘浩，白楠. 中国生产性服务业全要素生产率测度——基于非参数 Malmquist 指数方法的研究 ［J］. 中国软科学，2009（1）：159 - 167.

［121］原毅军，刘浩. 中国制造业服务外包与服务业劳动生产率的提升 ［J］. 中国工业经济，2009（5）：67 - 76.

［122］张自然. 中国生产性服务业 TFP 变动分解 ［J］. 贵州财经学院学报，2008（2）：34 - 39.

［123］张自然. 中国生产性服务业的技术进步研究——基于随机前沿分析法 ［J］. 贵州财经学院学报，2010（2）：35 - 41.

［124］赵凯，宋则. 商贸流通服务业影响力及作用机理研究 ［J］. 财贸经济，2009（1）：102 - 108.

［125］赵萍. 中国流通服务业影响力实证研究 ［J］. 商业经济与管理，2007（8）：15 - 19.

［126］赵霞. 我国流通服务业与制造业互动的产业关联分析与动态比较 ［J］. 商业经济与管理，2012（11）：5 - 14.

［127］赵霞. 基于投入产出模型的流通业对经济增长的贡献：2005—2013 ［J］. 广东财经大学学报，2015（4）：16 - 25.

［128］赵霞，徐永锋. 流通服务业对制造业效率的影响路径分析 ［J］. 中南财经政法大学学报，2012（2）：123 - 129.

［129］浙江工商大学课题组. 现代流通业发展与新型城镇化——以浙江省为例 ［J］. 商业经济与管理，2014（3）：5 - 11.

［130］中国社会科学院课题组. 商贸流通服务业影响力实证分析 ［J］. 中国流通经济，2008（3）：9 - 12.

［131］中国社会科学院课题组. 商贸流通服务业影响力政策分析 ［J］. 中国流通经济，2008（4）：11 - 14.

［132］中国社会科学院财经战略研究院课题组. 我国商贸流通服务业战略研究 ［J］. 经济研究参考，2012（32）：4 - 48.

［133］中国社会科学院财政与贸易经济研究所课题组. 中国商贸流通服务业影响力研究 ［J］. 经济研究参考，2009（31）：2 - 9.